ケインズ経済学と
経済開発理論

松下 愛 著

五絃舎

はしがき

　より多くの人々の幸せとは何であろうか？「１人でも多くの人々を幸せにできる力に貢献するためには？」。そのような課題の答えを模索していた私は法学部に入学した。入学後，より広い知識と対応力，理解力，洞察力が必要であるとともに，視野を広げるために経済学を勉強しようと思った。

　友人に誘われ大矢野栄次先生のゼミの夏休みの研修会に友人と共に参加することになった。ゼミでは何でも質問をして良いと言われたので，なんでも質問した。大学１年生である私は経済のＹ＝Ｃ＋Ｉ＋Ｇのそれぞれの意味から質問をすることになった。先生に質問し，最初は基本的なことであるから簡単な答えだったが研修の最後の方には，それは大学院で学ぶ内容であると教えていただいた。日本では文系学部である経済学部の内容でも，先生が大学院のころ用いたテキストであるヘンダーソンクォントの『現代の経済学』を理解するには高校のころに勉強した数Ⅲ，数Ｃも使うことがたびたびあった。高校のころ私は理系であり，数学の先生から５種類以上の漸化式など習ったこと，センター試験には出ないのにいつ使うのかなと思っていたが，まさか所属である法学部でもない経済学部において使うとは思ってもいなかった。

　夏休みの研修では 20 人ほどゼミ生もいたが，恥ずかしがって誰もあまり質問しなかった。当時は，私にとってはとても短時間で要領良く経済学を学ぶ良い環境にあったといえる。

　経済学という国境を越えたミクロ経済学からマクロ経済学まで，世界規模でものごとを考える学問に触れたときに，人がかかわることの根底にある哲学を知った思いであった。

　法学から経済学にうつった理由はそこにあった。学問は変われども「１人でも多く人々を幸せにできる力に貢献したい」という思いははぶれていないので

ある。だったら，当初の夢である法学部で法科大学院に入り司法試験を受けて検察官になるため努力を死ぬ気で続ければよかったのであるが，国際法の分野はあるけれども，少し異なっていた。あらゆる観点をも視野に入れた国境を越えて世界経済を考えることができる学問が「1人でも多くの人々を幸せにできる力に貢献したい」という想いに大きく近付けると感覚的におもった。しかし，それから法学部と経済学部の両方の授業をこなすには毎日1～6限目まで両方の授業をうけ，放課後は大矢野栄次先生・益村眞知子先生・矢野生子先生にミクロ経済学・マクロ経済学，貿易論などについてホワイトボードを使った発表と英語の長文読解の指導を毎週お世話になった。家に帰ってからも復習と予習のため遊ぶ時間はほとんどなかった。友人たちはそんな私を見捨てず見守ってくれ，私の空いている時間に会いに来てくれた。ときどき巨大ロールキャベツをつくって私の勉強が終わる時間に合わせ夜遅く招いてくれた友達もいた。今現在においても大事な存在である。

　土曜日，日曜日は，もともとは検察事務官の方に司法試験に向けた勉強を判例六法等を用いて実際の現場の話と共に教えていただいていた。経済学部の友人と関わるようになってからは，色々な講演会などのお手伝いの機会をいただき，企業の方，地域の方にお会いすることも多く，より広い世界を見るきっかけとなった。

　大学2年生の時，他の大学に編入をするかどうか，また，そこには飛び級制度もあり，それに該当するためにはどのようにしたら良いかなど悩んでいた。しかし，母の一言で飛び級はやめた。「学ぶ時間が1年縮まるけどその分損しないの？？」ただただ先を急いでいた私には寝耳に水のことばであった。そして「確かに…」と思った。私にはまだまだほんとに学ぶべきことがたくさんあると心から感じていたときでもあった。また，学部に関して法学部から移るのではなく大学院から経済の方に行けばよいのではないかなど家族とも話し合って決めた。

　どちらに行っても困らないよう準備はしていたが大学2年生で方向が決まってから，経済分野の大学院に行くための本格的準備を始めた。大学の4年間は特に受験勉強よりもきつかったことを覚えている。

以上のことが私が経済学研究に移った動機と準備である。そして，大学院への期待のひとつとしてはケインズ経済学への想いが大きく，今の時代にケインズがいて，この国のことを考えるならば，どう思うかなども含め考えていた。後期博士課程への準備においては「十人十色」という言葉があるように色々な考え方はあるがどれほどの考え方を学び，モデルを作り，現状と政策などを語れるようになることを念頭において学ぶようにした。

なぜ，ケインズの研究においてと言いながら，開発（発展）途上国のことを書いているのかという質問があるならば，次のような説明がその理由になるだろう。

ケインズ経済学を使用してタイ経済について考察するという私の問題意識を考える時に J.M. ケインズの『雇用，利子，および貨幣の一般理論』の部分からは大きく影響を与えられた。

J.M. ケインズは，『雇用，利子，および貨幣の一般理論』の第 9 章消費性向 II: 主観的な要因，（p .109）において，消費の傾向の強さについて，次のように述べている。

「こうした動機の強さは，われわれが前提としている経済社会の制度や組織により，民族，教育，因習，宗教，一般道徳によって形成される習慣により，資本設備の規模と技術より，更にその時の富の分配と確立されている生活水準によって著しく異なるであろう。」

本書，すなわち，『雇用，利子，および貨幣の一般理論』の議論においては，J.M. ケインズは，「広範な社会変動の結果や長期発展の緩慢な効果を取り上げることはしない。すなわち，われわれは貯蓄および消費のそれぞれをもたらす主観的動機の主要な背景とみなすのである。富の分配が共同体の多かれ少なかれ恒久的な社会的構造によって決定されるものである限り，これもまた緩慢に長期的に変化する要因と考えることが出来，これをわれわれは現在において所与とみなすことが出来る」と説明しているのである。

このことは，われわれがケインズ経済学を開発途上国の議論として発展的に考察するときに，以上の詳細な議論の各国別の調査は，重要な経済分析の要因

となることを説明していると考えられるのである。

ここで、「民族，教育，因習，宗教，一般道徳によって形成される習慣により」はタイ王国という開発途上国から中進国になろうとしている経済を分析するための視点である。そして、「資本設備の規模と技術より」とは、欧米日本などの先進国からの技術移転の状態であり，企業進出の状態についての分析である。「更にその時の富の分配と確立されている生活水準によって著しく異なるであろう。」ということが，タイ王国の経済的な政策問題であり，研究者にとっての課題である。

先進国であるイギリスにおいて議論しているケインズの考え方を開発途上国において応用できる理由は以下の文章の理解の方法にあるのである。

「広範な社会変動の結果や長期発展の緩慢な効果を取り上げることはしない。すなわち，われわれは貯蓄および消費のそれぞれをもたらす主観的動機の主要な背景とみなすのである。富の分配が共同体の多かれ少なかれ恒久的な社会的構造によって決定されるものである限り，これもまた緩慢に長期的に変化する要因と考えることが出来，これをわれわれは現在において所与とみなすことが出来る」

すなわち，上記のように長期的な部分であるとされるところは所与とみなすことができることから，ケインズ的マクロ経済学においては，短期的な要因だけを比べることができるのである。

しかし，この所与の部分についての諸仮定を精査した後に変更することによって，先進国であるイギリスから中進国であるタイ王国へと分析の範囲を拡大することが出来るのである。つまり，先進国でのマクロ経済学的分析方法であるケインズの理論を，応用経済理論として，開発途上国であるタイ王国に応用することができるのである。

最後に，論文の作成に置いてお世話になった恩師である久留米大学教授 大矢野栄次教授，九州産業大学教授 益村眞知子教授，長崎県立大学教授 矢野生子教授，審査において毎週色々なお話を聞かせていただきながら添削やアドバイスをくださり熱心に指導してくださった久留米大学名誉教授 駄田井正教授，久留米大学准教授畠中昌教先

生に御礼を申し上げる。また本書の作成にあたりさまざまなアドバイスと多大な協力
をしてくださった五絃舎の長谷雅春社長に深く御礼申し上げます。

平成 30 年 3 月 17 日

松下　愛

目　次

はしがき

序章　本書の目的と議論の内容について——————— 3

第1章　経済開発理論と経済開発政策——————— 13
1．経済開発理論の展開——————— 13
2．経済開発理論の問題と課題——————— 14
3．インフラストラクチュアへの投資——————— 16
 3.1　社会資本形成における国内問題と対外問題——————— 17
4．経済開発理論についてのサーベイ——————— 19

第2章　貧困の悪循環——————— 25
1．貧困の意味——————— 25
2．貧困の悪循環と経済開発——————— 27
3．宗主国によって形成された貧困の悪循環——————— 28
4．貧困の悪循環の意味とその解決策——————— 30
 4.1　貧困の悪循環の意味——————— 31
 4.2　ヌルクセの「均整成長戦略」——————— 31
 4.3　貧困の悪循環の解決策 (1)——————— 32
 4.4　貧困の悪循環の解決策 (2)——————— 34
 4.5　経済開発戦略——————— 35
  4.5.1　農業による経済開発戦略——————— 35
  4.5.2　「輸入代替工業化」による経済開発戦略——————— 36
  4.5.3　幼稚産業保護論による工業化戦略——————— 37

第3章　経済発展と資本蓄積——————— 39
1．経済発展の意味——————— 39
2．二産業モデルとしてのフェイ＝ラニス・モデル——————— 40

3．フェイ＝ラニスの短期基本モデル——————————————41

  3.1　農業部門—————————————————————41

    3.1.1　第一局面———————————————————42

    3.1.2　第二局面———————————————————43

    3.1.3　第三局面———————————————————43

  3.2　工業部門—————————————————————43

  3.3　労働の部門間の移動————————————————45

第4章　開発途上経済とケインズ経済学的分析——————————49

1．開発途上経済とケインズ経済学的分析——————————49

2．ケインズ経済学と不均衡経済学について—————————50

  2.1　クラウアーの再決定仮説————————————————50

  2.2　レイヨンフーヴッドのケインズの経済学—————————51

  2.3　根岸隆教授の不均衡経済理論—————————————52

3．有効需要制約と企業者行動———————————————53

4．労働市場におけるケインズ的均衡————————————54

5．労働の限界生産力について———————————————56

6．開発途上経済における労働市場の分析——————————57

  6.1　開発途上経済における労働市場分析——————————58

7．ケインズ経済学的な労働余剰経済の短期モデル——————59

第5章　開発途上経済と技術進歩————————————————63
―ケインズ経済学的分析と労働余剰経済―

1．技術移転の影響について————————————————63

  1.1　基本モデル————————————————————65

  1.2　3部門分析の基本モデル————————————————68

  1.3　外国産業の技術進歩の影響 ($\varDelta T_{FI} > 0$)————————69

  1.4　国内企業の技術進歩の影響 ($\varDelta T_{DI} > 0$)————————72

  1.5　国内農業・伝統的産業における技術進歩の影響——————76

  1.6　ケインズ経済学的説明————————————————77

2．技術移転の方法————————————————————78

  2.1　技術移転の方法と条件————————————————78

目　次　*xi*

　2.2　技術移転と移転の対象——————————————————*80*
　2.3　技術移転とマクロ経済————————————————————*81*
　2.4　技術移転をめぐる評価と諸問題————————————*81*
　3．分析結果———————————————————————————————*82*

第6章　最低賃金引上げ政策とタイ経済——————————*85*
　1．分析の目的——————————————————————————————*85*
　2．産業と就業構造———————————————————————————*86*
　　2.1　外国資本企業の雇用量と賃金率——————————————*86*
　　2.2　国内資本企業の雇用量と賃金率——————————————*87*
　3．タイ国内の賃金率格差————————————————————————*88*
　4．結論的要約——————————————————————————————*93*
　5．残された課題としての外国人労働受け入れ問題——————*94*

第7章　アジア・ハイウェイ構想とタイ経済——————————*97*
　1．問題の所在——————————————————————————————*97*
　2．東南アジアにおけるアジア・ハイウェイ構想——————————*98*
　3．タイ経済の課題———————————————————————————*99*
　4．タイ政府の開発戦略————————————————————————*105*
　5．タイ政府の開発戦略の対策と現状——————————————*106*
　6．分析結果———————————————————————————————*107*

付論1　不均衡経済理論としての有効需要理論とアダム・スミスの分業 ——*109*
　1．序———————————————————————————————————*109*
　2．ケインズの有効需要の理論と分業 ——————————————*110*
　　2.1　ケインズの有効需要の理論————————————————*110*
　　2.2　有効需要の決定と安定性—————————————————*110*
　　2.3　不均衡経済理論の必要性—————————————————*112*
　3．分業の二つの異なった種類 ————————————————————*113*
　4．アダム・スミスの分業とケインズ——————————————*121*
　　4.1　アダム・スミスの分業の理論と需要曲線—————————*121*
　　4.2　アダム・スミスとケインズ均衡——————————————*123*

xii

5．「長期的」と「短期的」 ——————————124

6．分析結果 ——————————127

付論2　不均衡経済学としてのケインズ経済学 ——————129
—アダム・スミスと不均衡理論—

1．序 ——————————129

2．不均衡経済論の創始者としてのアダム・スミス ——————130

3．均衡理論と不均衡理論の分類 ——————131

  3.1　自然価格と市場価格 ——————132

  3.2　均衡理論と不均衡理論 ——————137

4．結　論 ——————————139

最終章　本書の結論と将来への展望 ——————141

1．ケインズ経済学的開発途上国モデルの構築 ——————141

2．市場規模と分業の水準によって決定される有効需要 ——————142

3．不均衡経済学としてのケインズ経済学的
　　開発途上国モデル ——————143

4．残された課題 ——————————144

あとがき ——————————145

参考文献 ——————————147

索　引 ——————————153

ケインズ経済学と経済開発理論

序章　本書の目的と議論の内容について

1.　本書の位置づけについて

　著者の本来の研究テーマは，「現代マクロ経済学とケインズ」である。内容は，不均衡経済学としてのケインズ経済学であり，ケインズ経済学を「不均衡経済学」の原点であると位置づけて研究を進めて来た。すなわち，ケインズ経済学は新しい方法論の構築であるとして経済理論の研究を進めて来たのである。

　ケインズ経済学の基本は，有効需要の不足から失業の存在が説明される。すなわち，資本主義経済における不況の原因は，経済状況の諸要因を原因として発生する投資の限界効率の低下による投資の低迷により引き起こされる「有効需要の不足」である。

　しかし，開発途上国経済においては，失業は必ずしも顕在化せずに，賃金格差や地域格差の存在が顕著として現れるのである。食糧が相対的に豊富な開発途上国においては，自然が豊かで人口と比較して食糧が豊富に収穫できる経済においては，地域間格差の意味は先進工業諸国とは異なるのである。開発途上国の首都は高層ビルに覆われ，交通渋滞は先進国以上である。人々はこの大都市周辺においては僅かな，あるいは一時的な収入を得ることによって日々の生活を続けることが可能なのである。このような経済においては「有効需要不足を憂うることなく」，日々の経済が成立し，人々は将来豊かになることを夢見ることが可能なのである。

　このような開発途上国の経済についての理論的分析を，ケインズ的な不均衡経済学の立場から分析するための方法論を構築するのが著者の本書における立場である。そのため，論文の題目を「ケインズ経済学と経済開発理論」とした

4

のである。

2．本書の内容について

　本書の目的は，最初に，経済発展の理論についてのこれまでのそれぞれの理論についてまとめることである。次に，これらの理論を応用して，具体的・現実的な開発途上国，特に東南アジアの経済（タイ王国を中心として議論している）の現在の経済情勢について調査検討して，分析することである。このような調査・分析することによって，経済開発論の理論的発展に寄与し，同時に東南アジア諸国のこれからの経済発展に貢献すると期待されるような諸政策を提案する可能性を探ることである。

　第1章の「経済開発理論と経済開発政策」においては，開発途上国経済の社会構造における「二重性（dualism）」を2部門経済発展理論として形成したアーサー・ルイス（Arthur W. Lewis）の経済モデルを基にして，農業部門（伝統的な部門）と工業部門（近代的な部門）についての2部門モデル（Dual Sector Model, Two Sector Model）として展開したフェイ＝ラニス（Fei and Ranis）モデルとしての特徴を「生産フロンティア・カーブ」を利用して説明して，「食料不足点」と「商業化点」との問題が解決するという意味での経済発展のために必要な「離陸条件」としての意義について詳しく議論している。

　この分析の結論として，経済発展の過程においては，道路・鉄道・港湾・通信設備などの社会資本（インフラストラクチュア）の形成が特に重要であること。そして，経済開発戦略としての社会資本形成の過程はケインズ経済学の分析方法として重要な位置を占める分野であることを説明した。

　第2章の「貧困の悪循環」においては，開発途上国が貧困状態から抜け出すことができない原因は，人口過剰の状態だけではなく，種々の「貧困の悪循環」が発生するためであるということを基本的なモデルとして説明している。すなわち，「経済全体の生産力が低いために1人当たりの所得水準が低い経済であ

る。それ故に，所得が少ないために，消費性向は高く，それ故に貯蓄性向が低いために投資水準は低い水準に留まり，経済成長・経済発展が実現できない，その結果として所得が低い」という悪循環を内包化した経済であるということが説明できるのである。

このような「貧困の悪循環」に陥った経済においては，種々の部分的な援助が無駄になる可能性が高いということが説明されるのである。

経済開発のための自助努力としての，具体的な戦略とは，①農業生産物などの1次産品部門の生産性を高めて輸出余力を増大させ，経済開発に必要な資本財の輸入資金を獲得すること，②近代部門の工業化を促進して「輸入代替工業化」を促進することによって外貨を節約し，資本財を輸入して産業の多様化を図ることによって経済発展を進めること。しかし，開発途上国において工業化を推進するためには海外企業との輸入財産業における競争から製造業を一時的に保護する必要があるという③幼稚産業保護論による工業化戦略，の3つの政策があることを説明した。しかし，幼稚産業保護論による工業化戦略に限界があると考えられる今日の世界経済においては，海外からの資本導入を利用するという方法が採用されているのが現状であることを説明した。

第3章の「経済発展と資本蓄積」では，経済発展と資本蓄積について簡単な「フェイ＝ラニス・モデル」によって考察した。すなわち，伝統的部門や農村における「余剰労働（surplus labor）」の変化について工業化の過程として説明したフェイ＝ラニス（Fei and Ranis）の『労働余剰経済の経済発展－理論と政策』（Fei, J.C.H. and G.Ranis,"*Development of the Labor Surplus Economy-Theory and Policy-*" Richard D.Irwin,1964.）について簡単化されたモデルとして説明している。

発展途上経済における経済的局面については，発展段階の相違によって3つの局面があることが説明される。すなわち，「第1局面」においては，資本蓄積の規模は少ないために，工業部門（近代的な産業）における雇用吸収力は限られている状態である。このような経済状態においては，過剰労働力が存在し，農業・伝統的部門において労働生産性がゼロである経済状態であり，「偽

装失業状態」が存在するのである。

「第2局面」とは，工業部門においては，企業の利潤極大条件が満たされているが，農業・伝統的な部門においては労働生産性が制度的賃金率よりも低い状態の経済段階である。このような段階においては，労働力が近代的な産業に吸収される過程において経済全体においては「食料不足」が生じる可能性が高い状態であることを説明した。

「第3局面」とは，近代的な部門において，資本蓄積が進み企業の利潤極大条件が満たされるために，「商業化点」をクリアーした状態である。このような経済状態以降においては，開発途上経済は自らの貯蓄によって投資が可能となるために資本蓄積が実現し，経済が離陸すると考えられるのである。

第4章「開発途上経済とケインズ経済学的分析」においては，フェイ＝ラニス・モデルを基礎とした労働余剰型の開発途上国に関する経済発展論のモデルは，新古典派経済学的な分析方法に基づいた経済モデルであることを説明した。すなわち，市場均衡分析において，家計や企業などの経済主体が完全情報のもとで合理的に行動することが前提となっており，また，競争的な市場における取引が前提とされている分析である。すなわち，市場原理が十分に機能する経済を前提とした分析である。このような先進工業諸国を前提としたような経済分析では，今日の開発途上国が抱える諸問題を反映するような経済状態を充分には説明していないと考えることから，「市場の失敗」を考慮するという意味でケインズ的な「有効需要制約」を考慮した開発途上経済分析を提案した。

有効需要制約と企業行動の理論や労働市場におけるケインズ的均衡について，根岸隆教授の「屈折需要曲線」による有効需要制約モデルを利用することによって，ケインズの有効需要制約条件の下で，開発途上国経済における企業や家計の行動が説明できることを議論している。

より具体的には，開発途上経済を農業と伝統的な産業を一つの産業として，他に，国内資本による製造業と海外資本による製造業との3部門経済とみなすことによって，より現実的な経済開発モデルとして議論を展開することがで

きることを説明した。

　第5章の「開発途上経済と技術進歩」では，第4章で展開したケインズ経済学的な労働余剰経済の3部門分析の基本短期モデルを使用して，開発途上国の経済をケインズ的な有効需要制約に直面する経済として分析した。第1節においては，技術移転と技術進歩の経済効果について，価格の変化や技術進歩の影響が各産業の雇用量や所得・利潤に与える影響について分析している。ここで，技術進歩とは，単純に企業の生産性上昇という意味での技術進歩の場合だけではなく，ケインズ的な意味での技術進歩についても考察している。すなわち，市場規模と分業の拡大によって生ずる技術進歩が有効需要の大きさに与える影響について分析したものである。第2節においては，農業部門における技術移転の方法とその問題点について，技術移転の方法，移転対象，マクロ経済との関連，技術移転における評価と諸問題について考察した。

　第6章の「最低賃金引上げ政策とタイ経済」は，今日のタイ経済における労働市場の賃金率上昇対策として，タイ政府が今後採用すると考えられる外国人労働者雇用，について考察する。特に，外国人労働者雇用についてはアジア・ハイウェイ構想との関係で説明している。
　タイ政府は賃金率切上げ政策の経済的対策として，「アジア・ハイウェイ構想」を利用した国境地域への企業進出によって，次のことを目的として，その経済的影響とその効果を期待していると考えることができる。
　すなわち，タイ国境付近への企業進出により外国人労働者を雇用し，タイ国内資本に雇用される労働者の賃金率を低く維持することによって，国内の資本の利益を増大させ，タイ経済の労働費用負担を減少させる。その結果により，国内の賃金率の上昇速度を減速させ，タイ国内に立地する外国資本企業の海外への撤退を予防することができると考えられると説明することができる。
　しかし，外国資本企業の国外への流出を防ぐためには，同時に，国内の労働の質の差異がもたらす経済的影響や賃金率格差などの問題についての対策が求

8

められているのである。

　第7章の「アジア・ハイウェイ構想とタイ経済」においては，インラック内閣における賃金引上げ政策の経済的意味と実行可能性について考察した。労働市場の逼迫を反映して賃金率上昇が顕著になっている今日のタイ経済において，タイ政府は賃金率上昇政策に対応して，「アジア・ハイウェイ構想」を利用した国境地域への企業進出により下記のような種々の政策を計画している。①国境付近への企業進出により外国人労働者を雇用する。②タイ国内資本の労働者の賃金率を低く維持し，国内資本の利益を増大させタイ経済の労働費用負担を減少させる。その結果により③国内の賃金率の上昇速度を減速させタイ国内に立地する外国資本企業の海外への撤退を予防する。同様に，外国資本企業の国外への流出を防ぐためには同時に，国内の労働の質の差異がもたらす経済的影響や賃金率格差などの問題について種々の対策が求められているのである。本章では，2011年9月に著者が行ったタイ政府においてのインタビューによって得られた知識を基本にして，タイ経済における問題とその対策について分析した。

　付論1と付論2において，アダム・スミスの「分業の理論」がケインズの「有効需要の理論」の先駆であることを確認する。ここで，アダム・スミスの「分業の理論」は，実質経済の本質としての経済構造を構築する市場構造や産業構造と深く関係があり，その関係が需要規模にもたらす影響について分析を可能とするのである。また，資源の効率的配分などに直面した企業が行う分業の状態が作り出す市場変化によってもたらされる経済構造の変化について議論することが可能となるのである。

　すなわち，「ケインズの有効需要の理論」と「アダム・スミスの分業」との関係を説明することによって，分業の進展がもたらす産業構造や市場構造の変化とそれゆえに需要の大きさの変化が有効需要に影響を与えることを説明する。ここで，分業については，次の2種類の分業が説明される。第一の分業とは，

序章　本書の目的と議論の内容について　9

１つの製品を生産する場合の異なった作業過程の分割に関するものであり，第二の分業とは，同じ産業内における企業間の分業ないし企業の専門化に関するものである。

　このような分析によって，開発途上国経済は世界経済における多くの企業の多国籍企業化にともなって拡大する市場規模を背景として世界経済の分業システムに取り込まれて行く形で「外国資本が経営する企業」が進出してくるのである。このような経済活動の国際化の結果として，開発途上国の潜在的能力に応じて資本蓄積と技術進歩が進み，その影響から国内資本によって経営される企業の国内市場規模が拡大することによって生産量・雇用量が増加することが説明されるのである。

　このように市場規模と分業との関係から「ケインズ的不均衡」を説明することによって，開発途上国の近代部門における有効需要制約を説明するものである。また，開発途上国においては，社会的要因や制度的要因によって，地域間の資本移動や生産要素移動の不自由さを原因として，経済格差が発生し，労働市場が過剰労働力を残したままで均衡することになるのである。このような状態を背景にして各企業の生産量が決定されていることをもって，「ケインズ的不均衡」の１つの経済的背景が説明されていると考えるのである。

　すなわち，工業部門における過少雇用の原因は，１つは，国際的分業の中でのこの経済の位置づけによって決定されるものであること。そして，２つには，労働と資本の部門間・地域間の移動の不自由性にその原因があると考えることができるのである。そして，民間資本の大都市周辺への偏在や社会資本の大都市周辺への偏在と技術水準の高い労働者の大都市周辺への偏在が原因である。ここで，労働市場の不均衡は，技術水準や教育水準の格差に求めることができるのである。

　付論１の「不均衡経済理論としての有効需要理論とアダム・スミスの分業」においては，ケインズ的不均衡は，開発途上国においては，社会的要因や制度的要因によって，地域間の資本移動や生産要素移動の不自由さを原因として，

格差が発生し，格差を受け入れた状態で労働市場が均衡していること。そのような状態を背景に生産量が決定されていることをもって，「ケインズ的不均衡」の1つの経済的背景が説明されていると考えるのである。すなわち，工業部門における過少雇用の原因は，労働と資本の部門間・地域間の移動の不自由性にその原因があると考えるのである。そして，その原因は，民間資本の大都市周辺への偏在であり，その原因は，社会資本の大都市周辺への偏在と技術水準の高い労働者の大都市周辺への偏在である。そして，労働市場においては，技術水準や教育水準の格差に求めることができるのである。

　付論2の「不均衡経済学としてのケインズ経済学—アダム・スミスと不均衡理論—」においては，今日，ケインズ経済学は不均衡経済学領域に属していると考えられている。この不均衡経済学とはワルラス的な意味での一般均衡体系として定義できないという意味である。すなわち，不均衡とは，ワルラス的均衡ではない状態のことをあらわす経済状態であると考えるのである。本付論においては，不均衡経済理論は一般に経済学の創始者といわれるアダム・スミスの分業の理論が誕生したそのときから存在し，それはケインズ的均衡へと結びつくと考える。すなわち，アダム・スミスの分業の理論がケインズの有効需要の理論の先駆であることを説明する。そして，アダム・スミスの分業の理論は，実質経済の本質でもある経済構造を構築する市場構造，産業構造との関係と深く関係があり，その関係が需要規模にもたらす影響について分析するのである。また，資源の効率的配分などに直面した企業が行う分業の状態が作り出す市場変化によってもたらされる経済構造の変化について議論した。

　最終章においては「本書の結論と将来への展望」と題して，ケインズ経済学的な開発途上国モデルの構築について説明している。すなわち，既存の開発途上国モデルに「ケインズの有効需要の理論」を導入することによって，開発途上国における雇用状態と産業構造について考察し，市場規模の拡大と分業の進展が世界市場において発生して，それがやがて多国籍化した企業の開発途上国

への進出となって，国内経済の有効需要を拡大させ，その影響が国内市場の規模を拡大させ国内企業の技術進歩を助長することによって，国内企業の生産量・雇用量が増加するという分析が，根岸教授の説明する「ケインズ的不均衡」であることを説明した。

　また，残された課題として，開発途上国の経済についての経済理論的分析を，ミクロ経済学とマクロ経済学の手法について新古典派経済学の手法を前提としながらも，ケインズ的な不均衡経済学の立場から再構築する可能性を探り，その方法論を構築することが最終目標として残された課題であることを説明した。

第1章　経済開発理論と経済開発政策

1.　経済開発理論の展開

「経済開発」とは，"Economic Development" の訳である。「経済発展」とも訳される。なぜならば，「development」は他動詞的には「開発」するという意味となり，自動詞的には「発展」するという意味となるからである。ここで，経済発展とは「経済的な進歩」や「社会の近代化」という意味として考えられる。経済発展理論は，理論的には国富の増大や国民所得の増加がいかにして起こるのかを追求する経済理論として発達したものである。

経済発展理論モデルとして，アーサー・ルイス（Arthur W. Lewis）は，2部門経済発展理論の分野を形成した。2部門とは，開発途上国経済の社会構造における「二重性（dualism）」すなわち伝統的部門と近代的部門の共存，農村と都市，農業と工業との間の二重構造のことである。ルイスはこの二重構造に注目して2部門モデル（Dual Sector Model, Two Sector Model）と伝統的部門や農村における「余剰労働（surplus labor）」の変化に関する論文（Lewis, 1954）を発表した。この2部門モデルは，最初の体系化された開発途上国の構造変化分析の理論モデルであった。このルイス・モデル（参考文献6）は，産業構造変化や労働移動に留まらず，成長と所得分配の不平等との関係，農業生産物の輸入自由化や農業における生産性向上の役割と影響など，経済開発に重要な様々な政策について理論的示唆を提供したのである[1]。

---

1) 鳥居泰彦『経済発展理論の系譜と新潮流』，大蔵省財政金融研究所「フィナンシャル・レビュー」，1993.March.

14

この後，フェイ＝ラニス（Fei and Ranis）が二重経済モデルを発展させ，『労働余剰経済の経済発展 - 理論と政策』（参考文献5）によって，2部門間の資本や労働力，そして，食料についての資源移動のメカニズムについて，より詳しいモデル展開を示したのである。

《経済開発戦略の変遷》

　現実の経済開発戦略に重点を置く「開発経済学」の分野は，植民地学に始まり，第2次大戦後の経済開発計画と開発援助政策に応用されてきたと考えることができる。開発経済学の初期の段階の考え方は，「輸入代替」による工業化を当該政府のイニシアティブのもとで推進するというものであった。1960年代にはいると，このような「輸入代替」による政策と現実の経済の成果との間の乖離が次第に顕著となり，輸入代替工業化の弊害，ミクロ経済学のレベルでの投資選択と中長期の経済計画の不整合性，人口問題と BHN（ベーシック・ヒューマン・ニーズ）の重要性等が指摘されて以来，開発経済学の分析にも限界が見られてきた。

　1970年代後半になると，開発途上国政府の主導による開発という考え方に代わって市場メカニズムが改めて重視されるようになり，経済発展論の分野において新古典派経済学的な分析が中心となった。

2. 経済開発理論の問題と課題

　これまでの発展途上国問題や経済開発戦略について議論の多くは先進国の人々によってなされてきたということができる。しかし，「先進国で生まれ発展させられてきたこれまでの経済学の用語では，途上国問題を適切に論ずることは不可能である。そのためには，社会的，政治的，風俗的，宗教的，等々のさまざまな要素があわせ考えられなければならないはずだが，それらの諸要素の考察はそれぞれの場所に具体的に即した形で行われなければならないのであって，既成の西欧的概念を使って現地とは無関係に抽象的に論じてみても，

その現実的意味は，よくよく限られているはずなのである」（早坂忠『経済学史』（有斐閣アルマ），エピローグ，pp.313-314）。

このように開発途上国の内部の諸問題はそれぞれの「現地」の社会や経済との関係においてより社会学的な問題として論じられるべきものであり，今日の経済学において先進国の立場から論ずることができる限られたものは開発途上国と先進国との経済的関係についてであり，それは国際貿易と資本移動に関する先進国側の資本の論理という利害関係だけのものでしかないのである。

上述したこれらの開発戦略の前提は，世界貿易構造はそれぞれの国の比較優位構造と世界市場との関係によって成り立っており，各国間の輸出と輸入の組合せが決定され，それぞれの国の対外収支の不均衡は，資本移動によってカバーされるという「一般均衡概念」であり，この前提により経済は分析されているのである。しかし，この「一般均衡概念」の前提は，今日の国際間の資本移動と労働移動という事実のもとでは既に崩壊していると考えられるのである。

今日のアジア NIES やアセアン諸国の輸出産業の工業化において見られる現象は，海外からの多国籍企業の工場誘致などの直接投資によって，すなわち，資本は国際的に移動し，国内の貯蓄不足や企業家や経営能力の不足を補って来たのである。これらの現象について新古典派経済学の分析方法においては，豊富な低賃金労働者の存在を背景とした工業化輸出であるとだけ説明されてきたのである[2]。

また，このような経済開発の結果としてそれぞれの開発途上国の国内においては一部の熟練労働者の養成と社会組織の諸問題をそのままにした経済の拡大が行われ，貿易収支と資本収支の不均衡が加速する中で，国内においては，同時に，さらなる貧困層と貧困地域を生み出しており，種々の格差が生じているのである[3]。

---

2) これは，世界の貿易体制が比較優位によって行われているのではなく，絶対優位に基づく貿易構造となっていることから生じた輸出拡大と外貨準備と海外投資の問題なのである。

3) すなわち，このような問題意識が現代の中国経済の発展の成果において，今後問われることになるのである。

16

このような意味で現代経済学が抱える経済開発理論上の問題は，世界貿易が比較優位構造のもとで決定されると考えることにあるのである。そして，個々の開発途上国にとって国際収支問題が開発戦略の前提として負担とならないような国際決済システムが構築されているという前提を持った経済理論が前提であり，個々の開発途上国にとってはそれらの前提が受け入れられることを当然とした国内経済の経済開発戦略についての理論の構築であるということができるのである。

　もし，個々の開発途上国にとってそれらの条件が受け入れがたいものであり，経済開発戦略にとってマイナスの影響をもたらすものであるならば，現代経済学はその説明力を失うことになるのである。

　本書における目的の1つは，このような経済開発途上国が直面する現実的な諸問題を分析し，その問題を解決するための政策について若干の考察を行うことである。その目的のためにケインズ経済学の理論を開発途上国経済理論として再構築することである。

3.　インフラストラクチュアへの投資

　現実の経済開発戦略においては，海外からの企業の誘致の前提として社会資本（インフラストラクチュア：生産基盤関連社会資本）の形成のための投資が重要な役割を果たしてきたのである。

　経済発展の過程において道路・鉄道・港湾・通信設備などの社会資本（インフラストラクチュア）の形成は重要である。ここで，社会資本は社会共通資本とか政府資本とも呼ばれる場合もある。この社会資本の定義は，「私的な動機による投資のみに委ねているときには，国民経済社会の必要性からみて，その存在量が不足するか，あるいは著しく不均衡になるなどの望ましくない状態におかれると考えられる性質を有する資本」（経済審議会企画委員会・社会資本研究会小委員会）である[4]。

4）社会資本は企業・産業の生産過程における交通・通信システムだけではなく，金融・各種法制度等の社会資本の形成と充実が必要である。また，経済発展の過程において

第1章　経済開発理論と経済開発政策　*17*

この経済開発戦略としての社会資本形成の過程はケインズ経済学の分析方法として重要な位置を占める分野である。

3.1　社会資本形成における国内問題と対外問題

今日，開発途上国の経済開発を目的とした政策立案においては，①国内の経済問題として，国内資本と国内企業・国内産業が直面するミクロ経済学的な諸問題と失業やインフレーション，財政赤字等のマクロ経済的な問題とがある。また，②対外的な問題としては，輸出・輸入に関する適切な為替相場の問題・貿易収支問題，そして，海外投資・援助，海外債務返済に関する国際金融の問題や，国際収支等の問題等を考慮しなければならないのである。

国内の経済問題としては，①国内企業・国内産業などの国内資本の効率性や②国民の生活水準を上昇させ，そして，③地域開発や④国内の有効需要の維持・拡大のためにも各種の社会資本の持続的な形成，と公平な所得分配の実現が必要なのである。

ここで，開発途上国におけるこのような経済的な諸問題と社会資本形成との関係において，国内の経済問題と対外的な問題とは密接に関係しているのである。

しかし，開発途上国政府の財政状態は厳しく，このような社会資本形成のための財源・資金は不十分であると考えられる。そのため社会資本形成は経済全体にとって優先順位の高い産業資本の効率性のための社会資本建設一辺倒となり，国民の生活水準の改善・上昇を目的とした生活基盤関連の社会資本形成は後回しとなり易いのである。また，開発途上国においては港湾や空港等の社会資本を地理的に限られた地域に重点的に投資する傾向があるため，国内の地域間格差をさらに拡大する要因ともなるのである。

社会資本が建設される際には，その地域のこれまでの経済活動への影響につ

次に重要であるのは，家計の経済活動の過程においても必要とされる住宅・教育・文化・福祉などの生活型社会資本等の形成における政府の役割である。また，質の高い労働力の増加のためには企業だけではなく政府による教育投資も必要である。このような教育投資は国内市場を形成し国内の有効需要を維持するためにも，また経済発展の成果を国民のものとするためにも重要である。

いては特に十分な配慮が必要である。なぜならば，社会資本建設の結果として発生する企業の利潤や利便性などの社会資本建設による直接的利益のみを重視した社会資本の建設計画は，その地域の「既存の経済システム」を破壊し，社会資本の建設によって得られると期待される利益以上の負の外部経済効果を発生させる可能性があるからである。

　海外からの資金調達による社会資本建設は，海外から進出した外国企業が重点的に配置されている地域に有利な社会資本形成が重点的に行われるため，国内の地域間格差はさらに助長される結果となるのである。そのため国内資本，国内の企業・国内産業にとって相対的に不利な社会資本形成が行われる結果となっているのである。

　このような現象は，開発途上国における社会資本形成が必ずしも，①国内の資本や地域経済にとって十分な経済効果をもたらさないままであり，しかも，②開発途上国の対外債務の増大という形で社会資本の形成が行われるために，短期的にも長期的にも，そして，対内的にも対外的にも二重の意味で誤った社会資本形成が行われていることになるのである[5]。

　以上のことから，開発途上国の社会資本形成において，国内経済の課題として解決されるべき経済問題が海外の資本導入政策という意味で説明されているのである。このような経済政策の状況を背景として，海外からの企業進出や開発援助の効果が疑問視されるようになるのは当然なのである。

　今日，低開発経済と呼ばれる国の経済状態と国際環境を考えると，ルイス・モデルやフェイ＝ラニス・モデルが前提としたような国内の自給自足経済を前提とした経済発展計画は容易ではないということができる。特に，一般的な財・サービスや天然資源だけではなく，資本や技術なども国際間を移動するという国際環境を背景として経済開発戦略を考えるならば，単純な貿易政策だけではなく，国際間の投資政策・資本移動・技術移転の問題を経済発展戦略の手段として考察しなければならないということができるのである。

---

5) 社会資本形成のための資金が海外からの援助や投資によって賄われる場合においても同様の結論が得られるのである。

4. 経済開発理論についてのサーベイ

　経済学において，「development」は，「発展」あるいは「開発」と翻訳されてきた。ここで，「Economic Development」は自動詞的意味では「経済発展」と翻訳され，また，一方では，「Economic Development」は他動詞的な意味では「経済開発」と翻訳されてきたということができる。すなわち，経済開発（Economic Development）とは，開発途上国の国民経済として発展させることとして理解される。

《2部門経済発展モデル》

　二重経済モデル[6]は，経済を単純に2つの部門に分けて分析するモデル（2部門モデル）である。ここで2部門とは，伝統的社会と近代化社会，農業と工業，農村と都市などであり，二重経済モデルは2部門の対比構造から説明される理論である。農業や伝統的産業からより労働生産性の高い近代的産業（製造業等）へ労働力が移動することによって経済発展が達成されると説明するアーサー・ルイス（Sir William Arthur Lewis）による議論が経済開発理論における2部門間モデルの最初である。

　アーサー・ルイス（A.Luis, *Economic Development with Unlimited Supplies of Labor*, 1954.『労働力の無制限の供給と経済発展』）は，発展途上国の経済を伝統的部門（一定の低賃金状態で無制限に近い労働供給がある部門）と近代的部門とに分けて経済発展の在り方を分析する「二重経済モデル」を考案し，伝統的部門からの無制限労働供給によって，一定の賃金水準において労働供給曲線が無限に弾力的になると説明した。経済発展の過程においては，余剰労働力を用いたインフラ投資が経済成長の鍵を握るとして，政府による積極的な経済政策の必要性を説いたものである。

---

6) 二重経済モデルとは単純な2部門間ではなく，経済構造などが異なった質の2つの部門間の分析を行う場合に使用される用語である。

フェイ＝ラニス（Fei, J.C.H. and G.Ranis）は，新古典派経済学の分析方法によって，アーサー・ルイスの二重経済理論を発展させてフェイ＝ラニス型の経済発展モデル（Development of the Labor Surplus Economy-Theory and Policy-, Richard D.Irwin, 1964.『労働余剰経済の経済発展 - 理論と政策』）を構築した[7]。

フェイ＝ラニス型の経済発展モデルにおいては，工業部門において雇用が創出され農業部門における余剰労働力（surplus labor）が工業部門へ移動することによって工業労働人口が増えれば増えるほど，経済全体の生産性が上昇して所得が増加することから，経済発展が進むと説明されたのである。この経済発展の過程においては，農業部門の地代収入からの貯蓄が農村部門において浪費されることなく，工業部門の資本蓄積のための投資資金として供給されることが重要である。また，この経済発展の過程において，農業労働者の減少が原因で農業の生産力が減少しない局面を偽装失業の状態と説明した。また，偽装失業が消滅した局面においては，農業人口の減少によって「食料不足」が発生しないように農業の技術進歩が生じることが重要であると説明された。このフェイ＝ラニス型の経済発展モデルにおいては，経済発展の速度は，投資と貯蓄の割合が多いほど，発展の速度は速くなることが説明されるのである。

このような経済発展の考え方は1960~70年代の「経済発展＝工業化」の概念が確立された時期に対応しており，政府主導型の開発が前提とされていた。

しかし，このフェイ＝ラニス型の経済発展モデルにはいくつかの問題が残されている。一つ目は，開発途上国の近代的産業（工業）は，小規模の家族経営の事業などのように効率が低い場合が多いことである。このような企業においては，新規の投資や労働力を伝統的産業から雇用する誘因が発生しないのである。二つ目には，開発途上国において伝統的産業の方が近代的産業よりも生産効率が良く，労働生産性の高い場合には工業化が成功しないのである。

三つ目の問題は，政治的な問題である。政府が一方的に近代的産業を支援し，

---

7) フェイ＝ラニス・モデルにおいて自立的という意味で経済発展モデルとして説明されている。

第 1 章　経済開発理論と経済開発政策　*21*

伝統的産業に効率化を強いるため，農業や伝統的産業家と近代的産業家が対立する政治的構造がある場合である。

《トダロー・モデルとバッファー・セクター》

トダロー・モデルは，農村と都市との間の「期待賃金率格差」によって労働者が農村から都市部門に移動し，一時的な雇用としての「バッファー・セクター」において生活をする労働者の存在を説明するものである。

しかし，現実的には，農村から都市に移動する労働者は，より高い賃金率を求めて，都市周辺において仕事を見つけて住み着くのであるが，安定した雇用契約が得られていない一時的な雇用状態にある労働者は，農業が繁忙期には，農作業のために実家のある農村に一時的に戻り，農作業が終了するとまた都市周辺の産業において雇用される人々である。

一時的にも農家に戻らず，結果的に帰農しない人々とは，都市周辺で生まれた人々であり，帰農する縁と術を持たない人々である。彼らをバッファー・セクターの労働者であると考えるのは，現実的なモデルとしては無理がある。彼らはおのずから工業部門よりも生産性の低い都市周辺の部門で働く労働者なのであり，労働市場は制度的・慣習的にあるいは社会的に工業部門の労働市場から分断されている状態にあるのである。

《国際従属理論》

1970 年代，開発途上国において，貧困の状態が改善しない状態に対し悲観論が論じられ始めた時期に登場したのが「国際従属理論」である[8]。開発途上国の開発が進まない原因は，先進国への「従属・支配関係」に巻き込まれていることが原因であるという考え方である。この「従属・支配関係」は，経済システム（仕組み）として機能しているために，「豊かな先進国と貧しい開発途上国」という関係は，今後も継続され，経済格差は拡大する一方であると説明

---

8) これまでの開発戦略が，開発途上国の歴史的経験や経済の現状から乖離していることへの改善策として出てきたと考えられる。

する立場である。

《植民地制度と歴史依存性》

「国際従属理論」で説明される開発途上国の歴史的経験とは，ヨーロッパによる植民地化の経験である。この植民地化の歴史が開発途上国に大きな影響を与え，それが今日の開発途上国において低所得水準をもたらしていると説明するものである[9]。

《自由市場主義》

1980年代以降に台頭した「新しい古典派経済学」は，開発途上国において，経済開発が進まない原因は，国内の市場整備が遅れているために，市場インセンティブが働かないためであると説明している。このような経済においては，政府の補助や規制を排除し，効率的な自由競争市場を促進する政策によって，市場主導型の開発を実施することによって開発途上国の経済開発が成功すると説明するのである。

具体的な政策としては，「トリックルダウン仮説（Trickle-down Hypothesis）」に基づく新自由主義的な戦略であり，1980年代の特に実施された世界銀行および IMF が中心となった開発途上国に対する借款政策（構造調整プログラム）である。このような政策に基づき，開発途上国の市場経済の潜在的機能を活性化させ，一時的に資本を投下することにより，被援助部門から後方連関を期待する政策である。

---

9) Daron Acemoglu, Simon Johnson, and James A. Robinson(*The Colonial Origins of Comparative Development: An Empirical Investigation*, American Economic Review, 91, December 2001: pp. 1369-1401.) による論文で，ヨーロッパ植民者の死亡率が高かった国ほど，今日の所有権制度が未整備で，従って所得水準も低い，ということが実証されたことをきっかけに，2000年代の主流意見となった。

第 1 章 経済開発理論と経済開発政策 *23*

《ビッグ・プッシュモデル》

　ビッグ・プッシュモデルは，規模の経済性や外部性の存在により，家計や企業の経済主体が協調して行動できないことが低所得の原因をもたらすと説明した。経済主体が協調できるか否かは，各人の持つ他人の行動に関する期待や，歴史に依存すると説明するのである。この説は，Paul Rosenstein-Rodan(*Notes on the Theory of the Big Push*, in Ellis, editor, Economic Development for Latin America(1961).) が唱えた説である [10]。ビッグ・プッシュモデルに従って，開発途上国が離陸して持続的経済成長経路に乗るには，急速な工業化とインフラ整備のために大量の投資が必要であるという開発理論である。

　サックス (Sachs, Jeffrey D. (2005). *The End of Poverty*, : Economic Possibilities for Our Time. New York: Penguin Books.,『貧困の終焉 -2025 年までに世界を変える』) は，援助を大量に注入すれば，開発途上国は「貧困の罠」から脱出して，経済発展が始動するという「援助ビッグプッシュ」を説明した [11]。援助が大量に供与されると，1 人当り資本ストックが増加し，経済が成長し，家計が豊かになるという，もし大量の援助が供与されしかも長く続くなら，資本ストックが上昇し，家計を生存維持水準から引き上げ，貧困の罠から脱することが出来ると説明されている。

《フェイ = ラニス型の経済発展モデルとサービス産業》

　フェイ = ラニス型の経済発展モデルの考え方は，経済発展の段階を伝統的社会における農業部門（第 1 次産業）から，工業部門（第 2 次産業）へと進化すると考えられていた。しかし，今日においては，サービス産業の部門（第 3 次産業）も重要な産業として考察されなければならないことは明白である。

　生産関数については，生産活動だけではなく，流通（サービス）も全て考慮して定義されていると考えることができる。そのため本論文においては，金融・証券や商業・情報産業のような現代的なサービス産業は近代的部門（工業部門）

---

10) この説は，1990 年代の主流な意見となった。
11) この考え方は，2005 年 7 月の「グレンイーグルズ・サミット」の援助倍増宣言にも影響を与えた。

に含まれているとして考え，伝統的なサービス産業は農業・伝統的な部門に含まれているとして考察することによって，フェイ＝ラニス型の2部門モデルは有効であると考える。

第 2 章 貧困の悪循環

　世界銀行の『1990 年世界開発報告』および国連開発計画の『1990 年人間
開発報告』以来，1990 年代に入って途上国の貧困問題が議論された。1996
年には OECD 開発援助委員会が『21 世紀に向けて：開発協力を通じた貢献』
を発表し，その中で「2015 年までに極端な貧困の下で生活している人々の割
合を半分に削減すること」を，最重要な目標として提案した。また，DAC 報
告は，「極端な貧困」の基準として世界銀行による一人当たり 370 ドルの年間
所得（1 日約 1 ドル）を設定した。この基準によると途上国人口の 30% にあた
る 13 億人が極端な貧困状態にあり，その数は増加傾向にあると論じている[1]。

1.　貧困の意味

　貧困とは，経済的理由によって日々の生活が苦しく，必要最低限の生活しか
維持できない状態と説明することができる。貧困は生活に大きく関わっており
社会のいろいろな分野に何らかの影響を及ぼすこともあり，一国レベルだけで
はなく，国際的なレベルにおいて問題となることもある[2]。
　貧困の原因には，一部の特権階級や貴族などの制度的な要因によって国民が
収奪されるシステムが形成されていること，市場取引や市場外取引によって労
働者らが資本家や外国勢力等によって搾取される経済である場合が考えられ
る。経済活動の停滞や不況等の問題から無収入状態に陥った人々が多数存在し

---

1)　政府開発援助 ODA，ホームページより参照した。「第 2 部 テーマ別評価：貧困 I 国
　際開発機関における貧困問題への取り組み」(平成 12 年度経済協力評価報告書(各論)，
　第 3 章特定テーマ評価，貧困（カンボジア）)
2)　貧困は，北朝鮮経済のようにその国家の政治体制や政治思想から作られる面もある。

その状態が続くこと，そして，国家経営の破綻による人々の困窮化などの状態がある[3]。

開発途上国においては貧困層がある一定以上の集団となって，職を求めて都市に流入し，都市周辺にスラム（貧民街）を形成し社会不安や治安悪化の原因となるというような問題も発生する[4]。

貧困により社会情勢が不安定になるほか，酷い場合には国家の存亡に関わるため，法整備などを行い必要最小限度の生活を保障したり，比較的裕福な地域から支援が行われたり，あるいは国連や他の国際機関などからの援助等で問題解決の方策を取られている。

貧困の原因として，学力・識字・社会的経験の機会の不足や出自の問題などの，社会参加への機会が一部の人々に与えられていないことから発生するという考え方もある。貧困層がそのような機会を獲得することによって，貧困を打開する可能性が開かれるとする考え方である[5]。

今日のアフリカや中南米の貧困の原因は，それら各国の個々の文化的・社会的特性によって生じたものではなく，人種的，宗教的特性によるものでもない。すなわち，この地域の貧困の原因は，歴史的・社会的な要因として考えるべきなのである[6]。

このような経済においてはその経済状態を反映して個人間の所得格差や資産格差が形成され，その結果として地域間格差や貧困層の形成が問題となり，国民経済の間に経済的・社会的・政治的問題が鬱積し，社会的正義が実現されな

3) 貧困によって犯罪や犯罪組織等に関わり，結果的にはテロリズムの温床となる可能性があり，為政者や思想家のプロパガンダの材料として用いられる。あるいは，テロリスト等犯罪組織による体制攻撃の口実ともなる。

4) 貧困の状態が恒久的となり，政治的解決が不首尾な状態になると，暴動や略奪，農民一揆，戦争などに発展することもある。

5) この考え方は，ブラジルの識字教育の指導者，パウロ・フレイレの『被抑圧者の教育学』から広まってきた見解であり，「エンパワーメント」という。

6) これらの地域は，16世紀の「大航海時代」以後に西ヨーロッパ諸国によって構築された世界経済システムの一部として機能することを強制されてきたのである。このように歴史的に形勢されてきた世界経済システムの一部として組み込まれ，国内経済は「貧困の悪循環」の中に未だに留まり続けていると考えられるのである。

い状態にあるのである。

2. 貧困の悪循環と経済開発

　開発途上国とは一般的には経済全体の労働生産力が低いために１人当たりの所得水準が低い経済である。すなわち，人々の所得が少ないために，消費性向は高く，それ故に貯蓄性向が低いために，投資水準は低い水準に留まり，経済成長・経済発展が実現できないのである。そのような貧困の原因となる連鎖の結果として所得が低い状態に留まっているという「貧困の悪循環」を内生化した経済であるということをラグナー・ヌルクセ（Ragnar Nurkse）が説明したのである[7]。

《貧困の悪循環》

　ヌルクセは，著書『後進諸国の資本経済』（現代経済学選書，土屋六郎訳，巌松堂書店，1977年）によって，開発途上国が低所得水準の状態を継続する諸要素間の因果関係の連鎖としての「貧困の悪循環」について説明した。この「貧困の悪循環」は，図2.1のように説明することができる。

　①の過程は，経済全体において１人当たりの所得水準が低いために，消費性向が高く，貯蓄水準が低いという過程である。

　②の過程は，投資資金源である貯蓄水準が低いために，国内の投資水準が低くなるという過程である。

　③の過程は，投資水準が低いために資本蓄積率が低くなり，労働者１人当たりの資本装備率が低い水準に留まることになるという過程である。

　その結果として，

　④の過程は，資本装備率が低いために，経済全体の労働の生産性が上昇せず，そのために所得水準の上昇がなく，所得水準が低いままの状態であり続けると

7）大矢野栄次『貿易資本と自由貿易』の第1章（pp.9-19），第9章（pp.177-199）の議論を参考とした。

いう過程である。

このように過程の連鎖が図2.1に示される「貧困の悪循環」の連鎖である。

このような貯蓄と投資と資本蓄積との間の関係における一般的な「貧困の悪循環」に加えて、アジアの経済においては、⑤の過程で説明されるように、「人口圧力」という要因によって一層の低所得水準状態のままの低位均衡状態が生じることによって「余剰労働力経済」となるのである。

図2.1　貧困の悪循環

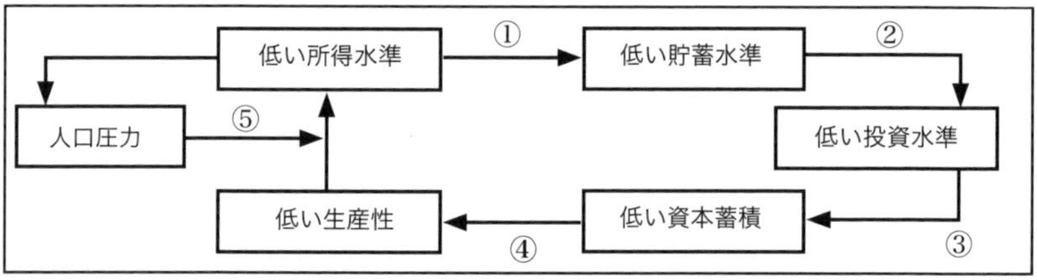

```
┌──────────────────────────────────────────────────────────┐
│        ┌─→  低い所得水準 ──①──→  低い貯蓄水準 ──②──┐     │
│        │                                            │     │
│   人口圧力 ──⑤──→            低い投資水準          │     │
│        ↑                           │               │     │
│        └── 低い生産性 ←─④── 低い資本蓄積 ←──③────┘     │
└──────────────────────────────────────────────────────────┘
```

すなわち、貧困の悪循環とは、「貧しい理由は貧しいから」ということである。「貧困の悪循環」の連鎖の過程において登場するそれぞれの要因間の因果関係がそれぞれ連鎖した結果として生まれているのである[8]。この関係はあたかも「鶏と卵の関係」のような状態となっており、因果関係の連鎖を途中のどれか1つの問題を解決することによってその連鎖を遮断することは容易ではないことに注意しなければならない[9]。

3.　宗主国によって形成された貧困の悪循環

アフリカ、中南米、アジアの国家の多くは、かつてヨーロッパ諸国の植民地

---

8) この貧困の悪循環は教育についても言える。低所得の家計では子供に十分な教育投資が行われないため、人的資本が低いままであり、その子供が働くときの所得も低い水準となる。つまり教育格差を通じて、貧困が世代を越えて継続されるという現象は貧困国だけではなく、先進国においても見られる現象である。

9) 経済発展論・経済開発論とはこのような「貧困の悪循環」の連鎖構造の原因は何かということを分析する学問である。そして、このような「貧困の悪循環」を何処でどのようにして断ち切ることができるかという経済政策問題を考える学問である。

であった。それぞれの宗主国では，現地の直接的な支配組織（傀儡政権）を利用して経済システムを構築し，その経済と宗主国との国際貿易体制のもとで余剰生産物を収奪するシステムが構築されていた[10]。

そのシステムとは，図2.2のように表される。

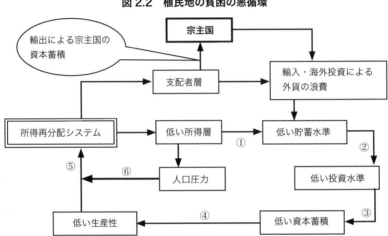

図 2.2　植民地の貧困の悪循環

先進国から植民地への投資資金流入は，植民地経済にとっては資本収支の黒字であり，その黒字を反映して輸入超過によって貿易収支の赤字が発生するのである。この流入した資本は植民地経済の余剰生産物である。植民地経済に蓄積された資本は，表向きは宗主国からの投資であり，宗主国の資本はさらなる宗主国との間の貿易利益によって資本蓄積を再生産し，同時に植民地経済にとっては貿易収支の赤字が続くのである。このような歴史の流れの中で，植民地経済に先進国名義の資本が蓄積されながら，植民地においては「貧困の悪循環」のもとで不平等な所得分配が実行されていくのである。

---

10) このような先進工業諸国対開発途上国の問題，すなわち，南北問題というような今日の「世界経済システム」は，「すべて「大航海時代の副産物」」である。そのような意味で「すべてはコロンブス（1492年）から始まった」ということができるのである」と大矢野教授は説明している。

30

　このように考えると,「貧困の悪循環」を断ち切る「最善の方法」は, 一見, 宗主国によって蓄積された国内の資本を国有化し, 宗主国との経済的貿易関係を断ち切り, 経済の依存関係を断ち切って国内の支配者である旧態然たる支配体制を破壊することであると考えられるであろう[11]。

　しかし, 宗主国との関係を断ち切ることによって長年にわたって構築された開放体系の経済システムは崩壊し, 長年続いた宗主国との依存関係から自立した経済を速やかに構築することはほとんどの場合不可能である。なぜならば, 生産技術も技術者も, また原材料輸入も, 製品輸出のための市場も, そして, 経済システムまでもが全て旧宗主国の経済システムとして組み込まれているからである。

　そうであるから, 資本を国有化しながら技術指導を旧宗主国に仰ぎ, 生産を続けながら原材料を旧宗主国からの輸入に依存する。そして同時に, 製品の販路を旧宗主国の経済力に依存するという, 一見, 矛盾した行動が経済システムの維持のために必要になるのである。旧宗主国との間でこのような関係を維持するためには国内の政治システムを緩やかに改善することが必要となるのである。これがヨーロッパの先進国を旧宗主国と仰ぐ, アフリカ, 中南米, アジア諸国の経済の実態である[12]。

4. 貧困の悪循環の意味とその解決策

　前節で説明したように今日の開発途上国に特有の「貧困の悪循環」の状態の連鎖を断ちそれぞれの原因を取り除くことは容易ではなく, 開発途上国にとっ

---

11) これが第二次世界大戦後の開発途上国における共産主義革命であった。

12) 植民地経済における諸問題を考えるためには, このようなかつてのヨーロッパ諸国を宗主国とした植民地体制下でのさまざまな収奪の結果として, 今日なお自立できない経済システムのままであることについてその問題を考えなければならないのである。また, 経済問題だけでなく, 「東西の冷戦構造」以来の先進国間の種々の問題や, それ以後の「民族主義の動き」等における先進工業諸国の政策についても考慮しなければならないのである。

ても有益でもない。既存の世界経済システムの中で新しい開発プロジェクトとともに穏やかな，しかし自立を目指した経済改革の実施が望まれるのである。

4.1　貧困の悪循環の意味

　貧困の悪循環を断ち切るためには，それぞれの連鎖の鎖を断ち切らなければならない。図 2.2 の①〜⑤の連鎖について考える。

①の連鎖の過程を断ち切るために，消費水準を低下させないで貯蓄を増大させること。

それによって，

②の連鎖の過程を断ち切るために，消費水準を低下させないで投資を増大させること。

③の連鎖の過程を断ち切るために，投資効率を上げて投資水準を上昇させ資本蓄積を図ること。

④の連鎖の過程を断ち切るために，技術進歩等を図り生産性を上昇させること。

⑤の連鎖の過程を断ち切るために，人口増加の抑制などによって人口圧力を低下させること。

　しかし，それぞれの要因がそれぞれの原因であり同時に結果となっているということがこの「貧困の悪循環」の本来の意味であるため，それぞれの要因を独立の問題としてその連鎖を断ち切ることは他の問題との関連を無視した解決策であり，個々の政策の実施によってより一層の貧困層を現出する結果になる恐れがあるために，連鎖の鎖を断ち切れない状況が続いてきたと考えられるのである。

4.2　ヌルクセの「均整成長戦略」

　ヌルクセは，貧困国は通常のマクロ経済学（ケインズ経済学）が想定する需要不足のために成長しないのではなく，供給不足の状態であると考える。そのために政府自らが種々の分野に幅広く投資することによって成長の土台を整える必要があると説明した。これは，ヌルクセの「均整成長戦略」と呼ばれる。

32

　現実の開発途上国の諸問題を解決するためには，ケインズ経済学とそれに基づく経済政策のように，国家が市場に介在して経済発展戦略のための政策が実行されなければならないのである。それ故に所得の再分配だけではなく，公共財供給や社会資本，インフラストラクチュアなどの経済基盤への投資・資金計画や人的資本形成のための教育投資は政府が行うべき重要な課題である。

　しかし，そのための資金は国内の経済活動の成果から租税の形でまかなわれなければならない。しかし，発展途上国は所得が少ないゆえにその開発資金としての財源の確保も困難な状態であるという意味で税負担を増加すると所得の上昇が実現できないという別の「貧困の悪循環」の状態に陥るのである。

4.3　貧困の悪循環の解決策（1）

　「貧困の悪循環」から抜け出すための政策として，ローゼンシュタイン＝ロダンは，「ビッグ・プッシュ」が必要であると説明した。この「ビッグ・プッシュ論」とは，貧困の悪循環から抜け出すためには，外部からのビッグ・プッシュ（大きな一押し）があれば，悪循環を良い循環に変えることが可能であるという理論である [13]。

　この「貧困の悪循環」の連鎖を断ち切る方法としての「ビッグ・プッシュ」政策を具体的に考えることが経済開発政策であるということができるであろう。

　貧困の悪循環の各過程を分断するための政策としては，その経済全体の年々の成果である所得を犠牲にしないで解決する方法として，図2.3の①~⑤のそれぞれの連鎖についてそれぞれの段階に対応した各政策を説明することができる。

　第1は，(A) 世界的な自由貿易体制のもとで比較優位産業の生産物を輸出し比較劣位産業の生産物を輸入することによって生ずると期待される貿易利益による所得の増大，それによる貯蓄の増加を図り投資資金の獲得を図るとするものである。

---

13) 例えば，貧しい農村に外部からの援助によって灌漑設備を建設すると，農業生産性が高まり，所得が高くなることから，貯蓄・投資が増加して資本が蓄積され，やがて好循環が生ずるという考え方である。

第2は，(B)国際的に自由な資本移動によって，発展途上国の国内の金融市場において不足する傾向がある貯蓄を海外からの②間接投資によって投資資金を獲得する方法である。しかし，国内の金融市場が未発達である場合には低金利による海外からの資金導入は却って国内資金の自由な移動を妨げ，国内の資金の効率的な配分と投資において「市場の失敗」をもたらし，資本蓄積による経済開発は逆に貢献しない場合もあるのである。

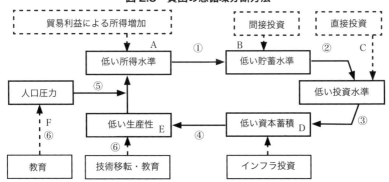

図2.3 貧困の悪循環分断方法

また，第3は海外からの企業誘致や現地資本との合弁企業の創出によって，(C)直接投資を誘致することによって国内投資を促進し，近代的な生産・経営方法を習得し，雇用機会を拡大する方法がある。

貿易利益の一部と経済活動の拡大から生ずる所得増加の一部と政府収入の増加を背景として(D)政府資本・インフラストラクチュアへの投資の増加，(E)海外の先進工業諸国からの企業進出を背景とした海外からの技術移転を進め，教育投資を援助することによって，技術進歩等を図り生産性を上昇させることが可能となるのである。

また，⑥(E・F)の国民の教育への投資が考えられる。海外からの医療施設・資材，医療教育を導入することによって，人口増加の抑制などによって人口圧力を低下させることが可能となる。

4.4 貧困の悪循環の解決策（2）

　「貧困の悪循環」を断ち切る方法として，上で説明したような海外からの援助や資金導入，技術移転が期待できない場合は，途上国の自力による経済開発計画が必要である。

　「貧困の悪循環」を断ち切る方法としては，経済全体の年々の成果である所得を犠牲にしない方法によって，すなわち，経済に負担がかからないという意味において「カネのかからない投資」を工夫することによって問題を解決することが必要となるのである。

　そのような工夫のためには，経済の裾野において，経営者や労働者自身の創意工夫による努力が必要となる。このような努力は経営者や労働者個人や企業の利己的欲求充足のための近視眼的な，個人的報酬だけを目的としたものだけではなく，経済・社会全体のために，あるいは個人が所属している社会（村落，企業，経済のような）のためにといった道徳的・倫理的な意識を前提とした公的な利益を目的とした経済活動や，あるいは長期的な経済的成果を期待するというような必ずしも私的利益の追求では説明できないような経済的動機によって達成されなければならない場合が多いと考えられる。しかし，その実現は低開発国や開発途上経済においては宗教問題や民族主義の問題との関係で一般的には困難であると考えられているのである。

　なぜならば，資本主義経済におけるそれぞれの経済主体の経済活動の動機は自己目的を実現するための利己心によって説明されるからである。企業の利潤極大化行動や家計の効用極大化行動などの合理的な経済活動のための犠牲と成果が同一の経済主体に帰属することが私有財産制のもとでの経済原則である。貧困な社会においてエリート層の自己犠牲と社会への貢献を社会的正義の名目のもとで強要することは不可能なのである。経営者や労働者が生産活動において創意工夫する努力や方法は，経営者や労働者個人のためのものであり，個人的な経済的報酬を目的とした経済活動が私有財産制度のもとでの資本主義経済においてその基礎をなすものであるからである。すなわち，資本主義経済システムだけが社会全体の貧困と所得格差を自動的に克服するメカニズムは持たな

いのである [14]。

4.5　経済開発戦略

　経済開発のための具体的な戦略としては，①農業生産物などの1次産品部門の生産性を高めて輸出余力を増大させ，経済開発に必要な資本財の輸入資金を獲得する方法と，②近代部門の工業化を促進して「輸入代替工業化」を促進することによって外貨を節約し，資本財を輸入して産業の多様化を図ることによって経済発展を進める方法がある。しかし，開発途上国において工業化を推進するためには海外企業との輸入財産業における競争から製造業を一時的に保護する必要があるという③幼稚産業保護論による工業化戦略，の3つの政策がある。

　今日では，それ以上に前に上げた①や②，③の政策を実現するために，海外の資本を利用するという方法が，国際機関の指導の下で，多くの国において実践されている。しかし，その成果については不確定である。

4.5.1　農業による経済開発戦略

　後進国の輸出の多くは農業・鉱業生産物などの1次産品で占められている場合が多い。歴史的にみても農業革命が工業革命に先行したように，国際貿易における1次産品の比較優位を利用して，1次産品における生産性を高めることによって，国内の余剰生産物の輸出を増大し，経済開発に必要な資本財の輸入資金を獲得することが経済開発戦略であるとして議論されてきた。

　しかし，後進国からの1次産品輸出の拡大に関しては，①農業のような伝統的な産業は土地制度や社会的習慣などについての種々の制度改革が前提となるという社会的・制度的困難があること，②1次産品に対する需要は所得に関して非弾力的であるために，1次産品は短期的には価格の変動が大きく世界

---

14)　資本主義のエートスの中にはプロテスタンティズム精神が内在していたとウエーバーは説明している。宗教心からもたらされる社会における倫理観は資本主義が機能するための重要な条件なのである。

市場の動向に左右されること。

また、③1次産品の輸出の増加は長期的には工業製品に対して交易条件が悪化（不利化）する傾向にあり、また、同時に、他の開発途上国との競争にさらされることになること、そして、④先進諸国における農業の保護政策の傾向が強いこと、などからその政策成果については多くは期待されないことが認識されている。

《必需品の価格変化と交易条件》

農産物のような生活必需品の場合は、需要の価格弾力性が低いために、生産量が Q_A から Q_B に増加した場合に、価格は急激に低下するために、販売額が四角形 $P_A A Q_A O$ から四角形 $P_B B Q_B O$ に大きく減少することになる。このとき、交易条件は急激に悪化する。

図 2.4　豊作貧乏

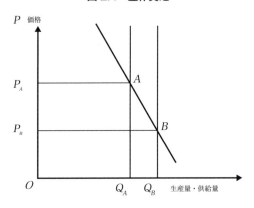

4.5.2 「輸入代替工業化」による経済開発戦略

近代部門の工業化を進める経済開発戦略には、次のような利点が想定されている。①経済の多様化を通じて1次産品部門における生産量・価格の大きな変動を緩和することができること。②工業部門の比重を高めることによって経済全体の成長率の上昇が期待されること。③工業部門は外部経済効果が大きいことから、経済全体に大きな利益をもたらすということ。

しかし，①工業化を進めるために必要な貯蓄・投資・資本などの資金面のみならず，企業家・経営者，熟練労働者などの人的資本についての絶対的不足や技術水準の維持が大きなボトル・ネック（隘路）となること。

②工業化の初期の段階においては，開発途上国の工業製品は比較劣位にあるために，国際競争力は低く，その販路は国内に求めなければならないこと。そのため，開発途上国の工業化は関税や輸入割当などの貿易規制によって輸入品を国内品に「輸入代替」することによる工業化が進められる傾向があることなどが説明される。

また，③輸入代替工業化政策は国内の二重経済を助長し，歪められた産業政策から資源の効率的配分や所得の公正な分配において種々の問題が発生する可能性があること。

それは，④農工間を中心として産業間において，そして地域間において，賃金格差や所得分配の問題として発生すると考えられる。

また，⑤産業構造の変化に伴う失業の問題や労働市場のミスマッチの問題などが生じると指摘されている。

4.5.3　幼稚産業保護論による工業化戦略

発展途上国経済は，一般的には，伝統的な農業部門と比較的近代的な工業部門からなる「二重経済」であり，効率的な金融市場・資本市場が存在しないために，農業のような伝統的産業によって生ずる貯蓄が製造業のような新しい産業の投資のために融資されるメカニズムが存在しないことが問題であると考えられる。しかし，効率的な資本市場育成には時間と費用がかかるという問題があるために，国内の製造業の利潤を引き上げて，より急速な成長を可能にするために海外企業との輸入財産業においての競争から国内の製造業を一時的に保護する必要があるという議論が「幼稚産業保護論」である。

このような工業化戦略は，発展途上国の製造業は潜在的に比較優位をもっているが，初期の段階では先進工業諸国と比較すると競争力が低いため，政府が関税や輸入割当などの貿易規制によって一時的に援助すべきであるという政策

である。

　しかし，①将来比較優位を持つと期待される産業を比較優位構造が成立していない現在の時点において育成することの「異時点間の費用負担」の問題をどのように評価するか。②産業の保護そのものが非競争的産業になり非効率的な製造業を持続させることになるという「政策の失敗」が招来する恐れがあること。また，③特定の長い期間において産業を保護した結果として比較優位が形成されない場合には，結果的には多大なコストを払うことになるという批判，などがある。

第3章　経済発展と資本蓄積

　本章においては，経済発展と資本蓄積との関係について簡単なモデルを展開して発展の過程について議論を再考察する。二産業部門間の資源移動による経済発展理論の代表的なモデルとしての「フェイ＝ラニス・モデル」（参考文献1）について考察する。

1.　経済発展の意味

　いま，Y を経済全体の実質国民所得，s を貯蓄率（$= \dfrac{S}{Y}$），v を資本・産出高比率[1]（必要資本係数 $= \dfrac{K}{Y}$）として，短期的な一定不変の値であると想定する。このとき，投資（I）と貯蓄（S）の恒等式より $I=S$ である。経済成長率 g は，次のように定義される。

$$g = \frac{\Delta Y}{Y} = \frac{\Delta Y}{\Delta K}\frac{\Delta K}{Y} = \frac{1}{v}\frac{I}{Y} = \frac{1}{v}\frac{S}{Y} = \frac{s}{v}$$

　すなわち，経済成長のためには，投資を増加させることが必要であり，そのためには貯蓄率 s を上昇させることが必要である。また，長期的には，資本生産性を上昇させて，必要資本係数 v を低下させることが必要である。このように経済成長を実現させるためには以下のような諸政策の実施が望ましいと説明される。

　貯蓄率を上昇させるためには，①消費を抑え，貯蓄を奨励すること，そして，規制緩和や②市場における価格の歪みを取り除くための政策が必要であり，また，資本の生産性を上げるためには，③労働者の教育投資を進め，技術進歩を図ること，そして，国有企業の民営化を実現すること，また，④国内の投資を

1）資本生産性の逆数である。

増加させるためには，企業家精神を育成し，投資家の投資能力を拡大すること。あるいは，外国からの投資の受け入れることを進めることである。そのためには，⑤自由貿易の実現と輸出の拡大，とともに資本移動の自由化が必要であると説明される。

2. 二産業モデルとしてのフェイ＝ラニス・モデル

本章において，開発途上国の経済発展モデルとしての基本モデルである「フェイ＝ラニス・モデル」について考察する。フェイ＝ラニス・モデルの特徴の一つは，農業部門から工業部門への労働・資本・食料の部門間移動による国内資源の効率的な再配分の過程によって経済発展が達成されることを考察したことである。すなわち，伝統的部門としての農業部門と近代的部門としての工業部門間との間の国内の労働資源と食料の供給が行われる過程において，国内の貯蓄からの投資（資本財購入のための資金）への資金移動がどのようなメカニズムで行われるかを説明するモデルである。

たとえば，①労働資源の部門間の移動と②賃金財供給としての農業部門から工業部門への余剰食料の供給と，③その販売代金としての地主の所得である農業部門の余剰生産物が貯蓄されて工業部門へ投資されるという部門間の資金移動である。④この工業部門の資本所得は工業部門の投資資金として工業部門へ再投資（＝資本蓄積）されるのである。

次に，フェイ＝ラニス・モデルの第二の特徴は，経済発展が成功し経済が離陸するための条件である「転換点」を迎えるためには，「食料不足点」（図3.1の点F）をクリアし，「商業化点」（図3.1の点C）を超えることが必要であることを議論する。そのための条件としての外生変数の変化について考察することである。すなわち，農業部門から工業部門への種々の資源がスムーズに行われるための条件を考察する長期動学モデルなのである。

また，このフェイ＝ラニス・モデルは海外との交易は考慮しないという意味での「封鎖体系」モデルである。

3. フェイ＝ラニスの短期基本モデル [2]

3.1 農業部門

　農業部門の生産は土地資源と労働力の投入によって行われ，資本は農業部門には投下されないと想定される。それ故に，農業生産改善を目的とした潅漑設備の建設や種々の農業生産のための技術進歩は地主や農業従事者の無償の努力によって日々行われると想定される [3]。

　いま，Q_A を農業生産物の生産量，F_A を農業の生産関数，L_A を農業従事者数，N を農業への土地投入量，T_A を農業の技術状態とすると，農業部門の生産関数は，次の（3.1）式のように表される。

$$Q_A = F_A (L_A, N, T_A) \tag{3.1}$$

この農業の生産関数に関してフェイ＝ラニス・モデルにおいては，労働の限界生産力の大きさを基準にして，次の3つの局面に分けて考慮される。

第一局面	$F_{AL_A} (L_A, N, T_A) = 0,$	$L_{AF} \leqq L_A$
第二局面	$0 < F_{AL_A} (L_A, N, T_A) < W_0,$	$L_{AC} \leqq L_A \leqq L_{AF}$
第三局面	$0 < F_{AL_A} (L_A, N, T_A) = W_0,$	$L_A \leqq L_{AC}$

ここで，W_0 は「制度的賃金率」（CIW;Constant Institutional Wage Rate）であり，いま，Q_{A0} を経済発展開始以前の低位均衡状態という意味での初期の農業生産量 [4]，L_0 を初期の労働総量とすると，$W_0 = \dfrac{Q_{A0}}{L_0}$ で決定され，モデルの全期間を通して一定所与であると想定される。この「制度的賃金率」の説明は，農業生産物の増産なくしては労働力の増加はないという意味であり，その場合この経

---

2) Fei,J.C.H. and G.Ranis, *Development of the Labor Surplus Economy-Theory and Policy-*, Richard D. Irwin, 1964.

3) 農業部門への資本投入を考慮したモデルについては，農業生産関数に資本投入条件を導入することによってモデルを拡充することができる。

4) 経済発展開始以前の低位均衡状態の説明については，ジョルゲンソン・モデル（1961年）参照。D.W.Jorgenson., "The Development of a Dual Economy", *Economic Journal*, Vol.71, No.282, June 1961.

済は「マルサス的状況」に陥っていることを想定しているということができる。

また，農業部門における技術進歩は，労働の限界生産力に対しては中立的であると仮定する。この関係は次のように表される。

$$\frac{\partial F_{AL_A}(L_A, N, T_A)}{\partial T_A} = 0 \tag{3.2}$$

図 3.1 短期フェイ＝ラニス・モデル

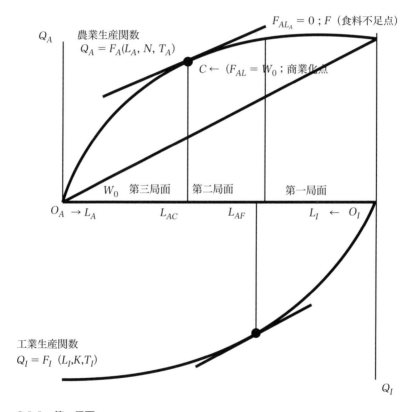

3.1.1 第一局面

地主は所得の全てを工業部門へ投資すると仮定する。第一局面においては，農業部門に余剰労働力が存在するために，農業部門における労働の限界生産力がゼロの状態である。それ故に，この状態のもとで農業部門から工業部門への

労働の移動は農業余剰を増加させ，地主の所得 Y_L を増加させ工業部門への投資 I_A を増加させるのである [5]。ここで，P_A は農業生産物の価格である。

$$I_A = S_A = Y_L = P_A\,Q_A - Q_0\,L_A$$

3.1.2 第二局面

　第二局面は，所与の農業技術と所与の土地投入量のもとでは労働の限界生産力は正ではあるが，制度的賃金率よりは低い状態である。この状態のもとで農業部門から工業部門への労働の移動は，第一局面と同様に農業余剰を増加させ，それ故に地主の所得を増加させるのである。しかし，工業部門の成長と比較して，農業部門の生産技術進歩率が低く，投入される耕作地の面積の増加が少ない場合には，農業部門の生産量は減少するために経済全体には「食料不足」が生ずることになるのである。

3.1.3 第三局面

　第三局面は，所与の農業技術と所与の土地投入量のもとでは労働の限界生産力は制度的賃金率 W_0 と等しくなる局面であり，経済がこの点を通過した後の農業部門の運営は地主の所得極大化行動を通して資本主義的な経済運営が可能になるという意味で「商業化点 C_A」と呼ばれる。

　この「商業化点」を超えて農業部門から工業部門への労働の移動は，工業部門と同様に農業部門も資本主義的な経済運営に参加するという意味で経済の離陸が成功したと，フェイ＝ラニス・モデルにおいては見なされる。

3.2　工業部門

　工業部門の生産は，労働力の投入と資本ストックの投入によって行われると考える。いま，Q_I を工業生産物の生産量，F_I を工業の生産関数，L_I を工業部門

---

5) 農業部門から工業部門への移動が完全ではない場合には，都市周辺においてバッファーセクター（緩衝部門）として近代化された産業への雇用機会を待つために一時的に雇用される伝統的部門を考えることができる。このような分析については，

に就業する労働者数，K を工業に投入される資本量，T_I を工業の技術状態とすると，工業部門の生産関数は次の (3.3) 式のように表される[6]。

$$Q_I = F_I(L_I, K, T_I), \quad F_{ILI} > 0, \quad F_{IK} > 0, \quad F_{IT_I} > 0 \quad (3.3)$$

ここで，労働の限界生産力，資本の限界生産力は正であり，同様に，技術状態の向上（=技術進歩）が生産に与える影響は正である。また，それぞれの限

図 3.2　フェイ＝ラニス・モデルの生産フロンティア・カーブ

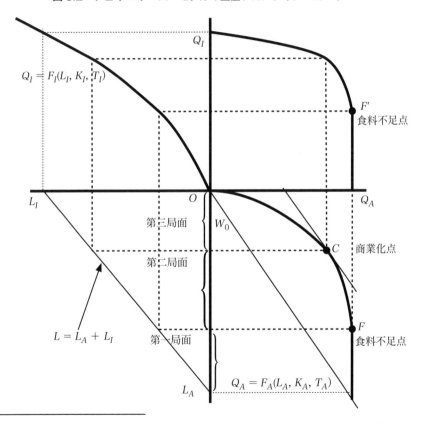

Todaro, M.P. "A Model of Labor Migration and Urban Unemployment in Less Developed Countries", *American Economic Review*, Vol.59, No.1 March 1969. 参考文献⑦の拙論を参照されたい。

6) 工業部門の生産関数を論ずる場合には，本論では考慮していないが，道路・鉄道・港湾・空港等の社会資本・産業基盤としての社会資本の役割が重要である。

界生産力は逓減すると仮定する。工業部門の利潤極大条件より，労働需要は労働の限界生産力＝賃金率で決定される。すなわち，次の（3.4）式の関係が成立する。この式はケインズが説明した古典派の第一公準である。ここで，P_Aは農業生産物の価格，P_Iは工業生産物の価格である。

$$F_{IL_I}(L_I, K, T_I) = \frac{P_A W_0}{P_I} \tag{3.4}$$

3.3　労働の部門間の移動

《資本蓄積・技術進歩の効果》

いま，工業部門の雇用量ΔL_Iが外生変数（ΔP_A，ΔP_I，ΔK，ΔT_I）の変化に対応してどのように変化するかを考えるために（3.4）式を全微分すると，次の表3-1のような結果が得られる[7]。

表3.1　就業構造と価格変化・資本蓄積・工業部門の技術進歩の影響

内生変数 \ 外生変数	ΔP_A	ΔP_I	ΔK	ΔT_I
ΔL_I	−	+	+	+
ΔL_A	+	−	−	−

この数学注の（3.8）式の計算結果とこれをまとめた表3.1より，工業部門の雇用量L_Iと農業部門の雇用量L_Aが外生変数である農業生産物価格P_A，工業生産物価格P_I，資本蓄積ΔK，技術進歩ΔT等の変化に対応してどのように変化するかを説明することができる。

すなわち，フェイ＝ラニス・モデルにおいては，農業に過剰労働力が存在するかぎり，工業への労働供給L_{IS}は，一定の賃金率に対して無限弾力的であるという A. ルイス的な労働供給が想定されている。このケースにおいては，①農業生産物価格の上昇（$\Delta P_A > 0$）は工業への就業者数を減少（$\Delta L_I < 0$）させ，その結果として過剰労働力を抱える農業への従事者数を増加（$\Delta L_A > 0$）させる。また，②工業生産物価格の上昇（$\Delta P_I > 0$）は工業への就業者数を増加させ（$\Delta L_I > 0$），その結果として過剰労働力を抱える農業への従事者数を減少（ΔL_A

7）数学注参照。

<0）させる。③・④資本蓄積（$\Delta K>0$）と工業部門の技術進歩（ΔT_I）が工業部門の雇用量（$\Delta L_I >0$）を増加させ，農業部門の過剰雇用量を減少（$\Delta L_A <0$）させること，等が説明される。

《労働市場の安定条件》

次の（3.5）式のように想定される[8]。

$$L_I \doteq L - L_A \tag{3.5}$$

すなわち，次の関係が成立する。

$$\Delta L_I = -\Delta L_A$$

いま，工業部門において労働需要は労働の限界生産力（F_{IL_I}）＝実質賃金率（制度的賃金率；w_0）であることから，農業と工業の労働者が賃金率格差に反応して農業部門から工業部門へ移動する割合をαとおくと，労働移動は，次の（3.6）式のように表される。

$$\Delta L_I = \alpha (F_{IL_I}(L_I , K, T_I) - W_0), \quad \alpha >0 \tag{3.6}$$

ここで，（3.6）式をLについて微分すると，$\dfrac{\partial \Delta L_I}{\partial L_I} = F_{IL_I L_I} < 0$であり，労働市場の均衡条件は安定的であることが説明される。

《数学注》

次の（3.4）式は工業部門の利潤極大化条件を表している。

$$F_{IL_I}(L_I, K, T_I) = \frac{P_A W_0}{P_I} \tag{3.4}$$

この（3.4）式を全微分すると，次の（3.7）式が導出される。

$$F_{IL_I L_I} \Delta L_I + F_{IL_I K} \Delta K + F_{IL_I T} \Delta T_I = \frac{W_0}{P_I} \Delta P_A - \frac{P_A W_0}{P_I^2} \Delta P_I \tag{3.7}$$

$$\Delta L_I (=-\Delta L_A) = \frac{1}{F_{IL_I L_I}} \left(\frac{W_0}{P_I} \Delta P_A \frac{P_A W_0}{P_I^2} \Delta P_I - F_{IL_I K} \Delta K - F_{IL_I T} \Delta T_I \right) \tag{3.8}$$

---

[8] A. ルイス（W .A. Lewis）の無限弾力的労働供給関数について議論は，"Economic Development with Unlimited Supplies of Labor",*The Manchester School of Economic and Social Studies*, Vol.22, No.2 May 1954 を参照。

$$\frac{\varDelta L_I}{\varDelta P_A}\left(=-\frac{\varDelta L_A}{\varDelta P_A}\right) = \frac{1}{F_{IL_IL_I}}\frac{W_0}{P_I} < 0 \tag{3.8.1}$$

$$\frac{\varDelta L_I}{\varDelta P_I}\left(=-\frac{\varDelta L_A}{\varDelta P_I}\right) = -\frac{1}{F_{IL_IL_I}}\frac{P_AW_0}{P_I^2} > 0 \tag{3.8.2}$$

$$\frac{\varDelta L_I}{\varDelta K}\left(=-\frac{\varDelta L_A}{\varDelta K}\right) = -\frac{1}{F_{IL_IL_I}}F_{IL_IK} > 0 \tag{3.8.3}$$

$$\frac{\varDelta L_I}{\varDelta T_I}\left(=-\frac{\varDelta L_A}{\varDelta T_I}\right) = -\frac{1}{F_{IL_IL_I}}F_{IL_IK} > 0 \tag{3.8.4}$$

第4章　開発途上経済とケインズ経済学的分析

1.　開発途上経済とケインズ経済学的分析

　第3章までの分析は，フェイ＝ラニス・モデル（参考文献7）を基礎とした
労働余剰型の開発途上国に関する経済発展論のモデルであり，新古典派経済学
的な分析方法に基づいた経済モデルによって開発途上経済を分析するもので
あった。しかし，新古典派経済学的なモデルにおける市場均衡分析においては，
家計や企業などのそれぞれの経済主体が完全情報のもとで合理的に行動するこ
とが前提となっており，また，競争的な市場における取引が前提とされて分析
が行われている。すなわち，市場原理が十分に機能する経済を前提とした分析
である。このような先進工業諸国を前提としたような経済分析では，今日の開
発途上国が抱える諸問題を反映するような経済状態を充分には説明していない
と考えることができる。

　本章においては，ケインズ経済学を不均衡分析の経済学であると捉えて [1]，
それぞれの産業の生産物市場においては有効需要制約が存在するために，短期
分析においては，需要量＝供給量＝生産量であると考える。すなわち，各産
業の短期における生産量は，有効需要制約を原因として一定所与であると想定
する。労働需要に関してはケインズの定義した「古典派の第一公準」に即して
「労働の付加価値限界生産性＝実質賃金率」として導出されると考える [2]。こ
のとき労働の付加価値限界生産性とは，「労働の生産物から使用者費用を控除

---

1)　不均衡経済学としてのケインズ経済学については，付論1と付論2において，若
　　干の考察を行っている。
2)　ケインズの説明する「古典派の第一公準」については，第5節において説明する。

した額である」と定義される。

また，労働市場においては，開発途上国の状態を反映して「過剰労働力が存在する」ために，海外企業の資本によって経営される産業と国内の資本によって経営される近代部門の産業によって雇用される労働者以外の余剰労働者は農業・伝統的産業に留まって制度的賃金率のもとで雇用されると想定する。

2. ケインズ経済学と不均衡経済学について

ジョン・メイナード・ケインズ（John Maynard Keynes）の『雇用・利子，および貨幣の一般理論』は，完全雇用水準以下の水準において経済が均衡する可能性を示した。一方，新古典派経済学体系は，市場価格の調整原理によってすべての財および生産要素市場の需給が一致し，資源は完全利用され，労働も完全雇用されると説明される。ロバート・クラウアー（Robert Wayne Clower）は，このような結論の違いは，現行価格と計画された需要・供給について，「ワルラス法則」を仮定するかどうかに起因すると説明した。

2.1 クラウアーの再決定仮説

クラウアー（A Reconsideration of the Microfoundations of Monetary Theory, 1967, *Economic Inquiry.*）（参考文献 8）は，「古典派経済学」は，現行価格体系のもとで計画された需要・供給について「ワルラス法則」が成立すると仮定するのに対して，ケインズ経済学は，計画された需要・供給ではなく，「実現した供給」とそれによって「制約された需要」について，「ワルラス法則」が成立すると仮定することができると説明した。

ここで，「ワルラス法則」は，すべての財・生産要素の総需要額が総供給額に等しくなるということであり，それは，個別の家計や企業にとって，財や生産要素の供給からの総受取額が財や生産要素の需要のための総支出額に等しくなるという関係を，すべての家計・企業にわたって集計することによって得られる。

計画された需給について「ワルラス法則」が成立すると考える古典派経済学においては，ある財・生産要素市場について超過供給が存在することは，必ずどこか別の財・生産要素市場について超過需要が存在することになり，経済全体としての超過供給は発生しないことが説明される。また，ある財・生産要素市場の超過供給はその財の相対価格の低下によって調整されやがて解消する。これに対して，実現された供給とそれによって制約された需要についてのみ「ワルラス法則」が成立すると考える場合には，ある財または生産要素市場において超過供給があっても，それは必ずしも他の財・生産要素市場の超過需要を伴わず，一般的な超過供給が生じることが説明されるのである。すなわち，労働支持用において「非自発的失業」が生じることが説明されるのである。

2.2 レイヨンフーヴッドのケインズの経済学

アクセル・レイヨンフーヴッド（Axel Leijonhufvud, Axel Stig Bengt Leijonhufvud）は，『ケインジアンの経済学とケインズの経済学』[3]，根岸隆監訳，日本銀行ケインズ研究会訳，東洋経済新報社，1978年（原書1968年）において，「ケインズ経済学は均衡の経済学ではない」として，非正統派的ケインズ解釈を主張した（参考文献9）。このレイヨンフーヴッドの主張以来，ケインジアンの不均衡分析は現代マクロ経済学の1つの特徴となっている。

レイヨンフーヴッドは，ヒックス＝サミュエルソン的な新古典派的総合を「ケインズ派経済学」と呼び，本来の「ケインズの経済学」（J.M.ケインズの研究）とは分けて考えることによって，基本的にこの両者にはほとんど共通点がないことを実証した。そしてクラウアーと共に「ミクロ経済学的基礎付けを持ったケインズの経済学」の形成を呼びかけたのである。それは過少雇用を，単なる不完全性と考えるのではなく，均衡として説明しようとするものであった。レイヨンフーヴッドは，数量調整と価格調整の過程においては調整速度が異なる

---

3) *On Keynesian Economics and the Economics of Keynes: A study in monetary theory*, 1968. Originally published in English by Oxford University Press, Inc.,New York, Copyright. 1996,1968 by Oxford University Press, Inc.

52

ことから調整の失敗が生じ，それが失業の長期化を招くという理論を構築したのである。このレイヨンフーヴッドやクラウアーの提唱した「ミクロ経済学的基礎付けを持ったケインズの経済学」は，「非ワルラス的経済学」と称されるようになったのである。

2.3　根岸隆教授の不均衡経済理論

　根岸隆教授は，従来の教科書的ケインズ経済学は，新古典派的経済学の枠組に，明確な理由付けなしに「貨幣賃金の（下方）硬直性」を導入することによって，失業を伴うケインズ的均衡を説明してきたことを指摘して，「貨幣賃金の硬直性」の理由が明白ではないこと，そして，雇用と貨幣賃金の変動の正相関，実質賃金の安定性等，実証研究の結果と理論的予測が整合的ではないことを指摘した。また，最近，新古典派やマネタリストによって提案された不完全情報を基礎とした説明も，「非自発的失業」を説明できない等の様々の欠陥が存在することを説明した。

　根岸教授は，不均衡状態にある経済主体は一般に独占力を持つと考えられるために，各経済主体はその直面していると考える主観的需要ないし供給曲線を基に最適行動を選択すること[4]（参考文献6）を説明した。この時，主観的需要供給曲線が実現値の近傍で実際の需要供給曲線と一致するならば，各経済主体は自己の予想，すなわち主観的需要・供給曲線を変える必要がなく，均衡状態となるのであり，数量制約に基づく，いわゆる固定価格モデルも，この均衡の特殊ケースであることを説明した。根岸隆教授の貢献は，情報の不完全性・販売費用のために，これらの主観的需要・供給曲線が，一般に「実現値で屈折する」ということを示した点にある。

　以後，この手法を用いてケインズ的不均衡についてのミクロ経済的分析が可能となったのである。

---

4)　この議論は，"Monopolistic Competition and General Equilibrium", 1961, *Review of Economic Studies* (1960-6) において根岸隆教授が展開した考え方である。

3. 有効需要制約と企業者行動

　根岸隆教授は『ケインズ経済学のミクロ理論』（日本経済新聞社，1980年，pp.88-90）において，「超過供給市場における競争的供給者は，無限に弾力的でない需要曲線を想定するという意味で独占者の位置にあるとアロー[5]はいうが，この場合の需要曲線は単に無限に弾力的でない，つまり右下がりであるというだけではなく，実は現に実現している点において屈折しているはずである」と説明している。

　すなわち，現在の販売量よりもより多く売るためには販売価格を現行市場価格よりも引き下げなければならないので需要曲線は右下がりになる。しかし，現在の販売量よりもより少ない販売量については，市場は超過需要の状態であるから，もしこの企業だけが販売価格を引き上げれば他の企業に顧客が移動するために販売量が急激に減少すると考えられるという意味で需要曲線は水平である。このようにして企業が直面する需要曲線は，有効需要制約が存在する短期においては，図4.1のような屈折需要曲線として説明されるのである。

　ここで，AED 線は他の企業が追随する場合の需要曲線である。屈折需要曲線の部分は点 E よりも右下の部分である。また，ABC 線はこの需要曲線 AED の限界収入曲線である。点 C の部分から右下の部分が屈折需要曲線の限界収入曲線として有効である。この企業の限界費用曲線は点 E と点 C の間を通過しており，利潤極大条件における販売量は点 Q_E で表される。すなわち，現在の販売価格と販売量は点 E で決定されているのである。

---

5) ケネス・ジョセフ・アロー（Kenneth Joseph Arrow, 1921- ），筆者注。

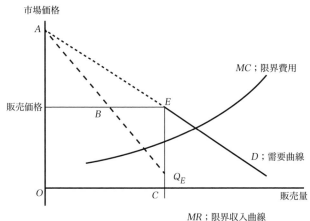

図 4.1　有効需要制約のもとでの価格・販売量の決定

4. 労働市場におけるケインズ的均衡

　ケインズ経済学的な意味で非自発的失業が存在する労働市場について，根岸隆教授は『ケインズ経済学のミクロ理論』（日本経済新聞社，1980 年，pp.90-95）において，次のように説明している。

　労働市場においては，労働者は雇用されるか失業するかの 2 つの選択肢しかない。労働の同質性を前提とする場合[6]には，どの労働者にとっても雇用される確率は同じであると仮定することができる[7]。

---

[6] ケインズ経済学において，同質性の仮定は，「非自発的失業を他の失業と区別するために戦略的に重要な仮定である」(根岸隆『経済学の歴史』東洋経済新報社, p.175)。労働の同質性が成立しない場合には，労働市場において労働の需給関係においてミスマッチが発生することによって失業が発生するからである。

[7] 「もし労働がすべて同質であり，どの労働単位もあらゆる用途に対して同様に適用可能であるならば，古典派の仮定のもとでは，失業はあり得ない。一方，非自発的失業とは，自発的失業でもなく，また労働単位における同質性の欠如により発生する失業でもないのである」とケインズ (J.M.Keynes) はベバリッジ (W.H,Beverige) にあてた手紙において述べている。(根岸隆『経済学の歴史』東洋経済新報社, p.175 から引用)

いま，図 4.2 において賃金率を W で表し，現行賃金率を W_A で表し，この賃金率のもとで労働者が雇用される確率を k_A とすると，現行賃金率 W_A においてどの雇用者にとっても雇用される確率は $100k_A$ ％である。この雇用される確率 k_A が 1 よりも小であるとき，すなわち失業が存在するときは，雇用される確率 k を k_A よりも大きくするためには現行賃金率 W_A が引き下げられなくてはならないと労働者は考えるであろう。

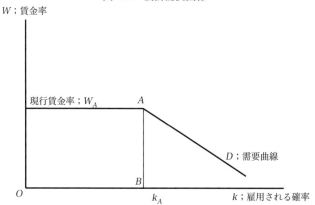

図 4.2　屈折需要曲線

しかし，一方では雇用される確率 k を k_A よりも小さくしても，賃金率 W は現行賃金率 W_A と同じである。根岸隆氏は，ケインズ経済学の世界においては，このように「賃金率の変化に対する労働者の期待は非対称的である」と考えるのである。その理由は，「企業の数に比べて労働者の数は多いから同一企業に多数の労働者が雇用される。同質の労働者に対して異なる賃金を払うことは労務管理上このましくないから，企業は雇用する労働者にすべて同一賃金を払う」と説明するのである。したがって，賃金率 W が現行賃金率 W_A よりも低くなることによって雇用される確率 k が k_A よりも大きくなるということはすべてではなくても多数の労働者について同時に賃金率 W が現行賃金率 W_A よりも低くなるということであり，その結果として期待される k の増加があまり大きくないのである。これは，個々の労働者が賃金率を低く提示しても雇用される確率はほとんど上昇しないという意味である。

56

一方で失業者が存在する経済においては,労働者の団結がないと仮定すれば,現行賃金率よりも高い賃金率が実現する可能性がないのである。もし一人の労働者が自分だけが高い賃金率を要求するならば彼の雇用される確率はゼロとなるからである[8]。

このような雇用される確率 k と賃金率 W の関係を図で表すと,図4.2のような屈折需要曲線として説明される。

5. 労働の限界生産力について

ケインズは『一般理論』(参考文献5,参考文献6)において「古典派の第一公準」について,次のように説明している。

「賃金は労働の価値限界生産物に等しい。いいかえれば,一雇用者の賃金は雇用を一単位だけ減少させたときに失われる価値(この産出量の減少によって不要となる他のすべての費用を差し引いておく)に等しい。ただし,この均等は,競争と市場とが不完全な場合には,ある原理に従って攪乱されるであろう。」(参考文献6,p5.)

ここで,「この産出量の減少によって不要となる他のすべての費用」とは,他の企業から購入した財に対する費用と使用者費用である。使用者費用とは,生産活動において,「前期から受け継いだ設備が生産に寄与した部分の価値を表す一定額」(前掲書,p.53)であると J.M. ケインズは説明する。

いま,A を一定期間内における完成生産物の販売額,G を期首における資本設備の価値,A を他の企業者からの完成生産物の購入額,G' を期末における資本設備の価値とすると,この企業者は G の価値を持つ資本設備を保有しているのであるが,この中に「前期から受け継いだ設備が生産に寄与した部分の価値を表す一定額」が含まれていると説明するのである。企業が期末に保有する価値 $=A+G-A_1$ において企業の所得として計算される部分が使用者費用と

---

8) タイ経済の労働市場においては労働の質の格差が存在するために雇用の増大にともなって労働の限界生産力逓減が顕著になると考えられる。

して説明される。

　企業者が維持及び改善のために B' だけの費用を支出したことによって，期末において G' だけの価値を持ったと仮定すると，$G'-B'$ は資本設備が A の生産のために使用されなかったと仮定した場合，前期から保持されてきた極大純価値である。資本設備のこの潜在的な価値が $G-A_1$ を超過する額は，A を生産するために犠牲にされた価値の大きさである。A の生産にともなう価値の犠牲を示すこの量，すなわち，A の使用者費用 U は，次のように定義されるのである。

$$U=(G'-B')-(G-A_1)$$

　「企業者が生産要素に対してその用役と引き換えに支払った額を A の要素費用と呼ぶ」（前掲書，p.53）と要素費用 F と使用者費用 U の合計を，産出物の主要費用（prime cost）と呼ぶのである。

　労働の物的限界生産性からこの使用者費用額を差し引くことによって労働の価値限界生産力を定義することができると J.M. ケインズは説明しているのである。

6.　開発途上経済における労働市場の分析

　開発途上経済においては，労働市場において労働の同質性は前提とすることができない。すなわち，教育の問題だけではなく，社会習慣や宗教上，あるいはその他の種々の社会的・経済的問題が存在するからである。ここで注意しなければならないのは，ケインズ経済学において，労働の同質性の仮定は，「非自発的失業を他の失業と区別するために戦略的に重要な仮定」（参考文献8，p.175）であり，労働の同質性が成立しない場合には，労働市場において労働の需給関係においてミスマッチが発生することによって失業が発生することになる。すなわち，開発途上国[9] における失業の種類には有効需要の不足によ

9）開発途上国経済だけではなく，先進工業諸国においても雇用のミスマッチは存在する。

る非自発的失業の要素だけではなく，労働のミスマッチによって発生する失業が同時に存在する。

労働市場は大きく3つの市場に分割されていると考える必要がある。すなわち，外国資本が経営する企業で働く能力と意思がある労働者たちのグループ L^S_{FI} と国内資本によって経営される企業で働く能力と意思がある労働者たちのグループ L^S_{DI} とその他の農業・伝統的産業で働く労働者たちのグループ L^S_A である。ここで，それぞれのグループの成員はいくつかのグループで重複していると考えることができる。すなわち，希望する企業によって雇用されない場合は他の企業・産業に雇用されることを希望するという意味で，どのグループにも同時に参加しているとみなすことが可能であるからである。

現在の時点で実際に雇用されている労働者を，それぞれ L_{FI}（外国資本が経営する企業で雇用されている労働者），L_{DI}（国内資本が経営する企業で雇用されている労働者）L_A（農業・伝統的産業で雇用されている労働者）とすると，過剰労働経済においては，次の関係が成立すると考えることができる。

$$L_{FI} \quad < \quad L^S_{FI}$$

$$L_{DI} \quad < \quad L^S_{DI}$$

$$L_A \quad < \quad L^S_A$$

6.1　開発途上経済における労働市場分析

外国資本によって経営される企業についての労働市場と国内資本によって経営される企業についての労働市場については，図4.3のように説明することができる。

いま，外国資本が経営する企業を FI とし，国内資本が経営する企業を DI とする。i 番目の企業について縦軸に賃金率と労働の付加価値限界生産性をとり，横軸に労働供給量 N_i（$i=FI, DI$）と雇用量 L_i（$i=FI, DI$）をとる。ここで，AB 線は労働の付加価値限界生産性を表す曲線であり，N_i は労働供給曲線である。点 B において現行賃金率のもとでの雇用量が実現するのである。この雇用量は生産物市場において決定されたケインズ経済学的な意味での有効需要制約の

もとでの生産量に対応する雇用量である。

　生産物市場において有効需要制約が存在することを背景として，労働者の賃金率上昇の要求には企業は答えられないこと。また，企業には賃金率を低下させて雇用量を増加させ生産量を増加させる動機も存在しないことが説明される。

　ここで企業が労働市場において賃金率を低下させるような需要独占力を有しているにもかかわらず，現行賃金率を低下させない理由は，労働の士気が低下し生産性が低下することが予想されるからであり，また，あるいは，優秀な労働者を他の競争企業に奪われることを避けるためであると考えることができる。

図 4.3　有効需要制約のもとでの雇用量の決定

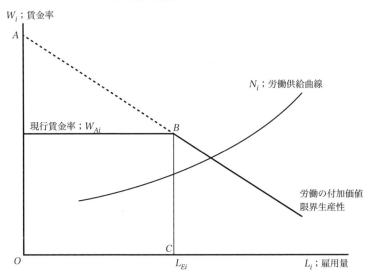

7.　ケインズ経済学的な労働余剰経済の短期モデル

　以上の各節において，ケインズ経済学的な分析のミクロ経済学的基礎として，生産物市場における有効需要制約のもとでの企業者行動の理論と非自発的失業が存在する労働市場における雇用量と賃金率の決定について説明した。

このケインズ経済学的な企業の行動理論と労働市場分析を使用して，労働余剰経済における短期理論としての開発経済論をケインズ経済学的な分析として考察することができる。

労働余剰型の開発途上国を前提として，外国資本によって経営される産業，国内資本によって経営される産業，国内農業・伝統的産業の3部門モデルによって成立する経済を考えると次の図4.4のように表される。

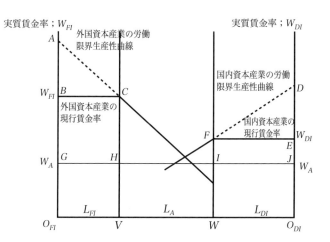

図4.4　三部門モデル

《労働市場》

この経済の労働市場の産業間の配分条件は，次の (4.1) 式のように表される。ここで，L はこの経済全体の労働供給量（労働賦存量）であり，L_{FI} は外国資本による産業の労働雇用量，L_{DI} は国内資本による産業の労働雇用量，L_A は国内農業・伝統的産業の労働雇用量である。

$$L = L_{FI} + L_{DI} + L_A \tag{4.1}$$

《資本市場》

この経済全体の資本ストック量の配分は (4.2) 式で表される。ここで K は経済全体の資本ストック量であり，K_{FI} = 外国資本による産業の資本ストック

量，K_{DI} = 国内資本による産業の資本ストック量，K_A = 国内農業・伝統的産業の資本ストック量によって構成されている。短期においては，資本ストックは産業間を移動しないと仮定する。

$$K = K_{FI} + K_{DI} + K_A \qquad (4.2)$$

《生産関数》

外国資本による産業の生産関数について，Q_{FI} を外国資本による産業の生産量，L_{FI} を外国資本による産業の労働雇用量，K_{FI} を外国資本による産業の資本ストック量とすると，外国資本による産業の生産関数は，次の (4.3) 式のように表される。

$$Q_{FI} = F_{FI}（L_{FI}, K_{FI}） \qquad (4.3)$$

国内資本による産業の生産関数については，Q_{DI} を生産量，L_{DI} を労働雇用量，K_{DI} を資本ストック量とすると，国内資本による産業の生産関数は次の (4.4) 式のように表される。

$$Q_{DI} = F_{DI}（L_{DI}, K_{DI}） \qquad (4.4)$$

国内農業・伝統的産業の生産関数について，Q_A を生産量，L_A を労働雇用量，K_A を資本ストック量とすると，生産関数は次の (4.5) 式のように表される。

$$Q_A = F_A（L_A, K_A） \qquad (4.5)$$

《実質賃金率と実質賃金率格差》

いま，この経済の実質賃金率の条件については，産業間において労働生産性における格差を反映して実質賃金率格差がある状態を前提にして，次のように想定する。ここで，W_{FI} を外国資本による産業が雇用する労働者の実質賃金率，W_{DI} を国内資本による産業が雇用する労働者の実質賃金率，W_A を国内農業・伝統的産業が雇用する労働者の実質賃金率であるとする。

この経済において各産業間には実質賃金率格差の格差係数として α と β を用いると実質賃金率格差の大きさは，次の (4.6) 式や (4.7) 式，(4.8) 式のように表すことができる。但し，α は β より大きく，β は 0 より大きい値であ

るとする。

$$W_{FI} = (1+\alpha)\ W_A \tag{4.6}$$

$$W_{DI} = (1+\beta)\ W_A \tag{4.7}$$

$$\alpha > \beta > 0 \tag{4.8}$$

すなわち，外国資本による産業が雇用する労働者の実質賃金率 W_{FI}，国内資本による産業が雇用する労働者の実質賃金率 W_{DI}，国内農業・伝統的産業が雇用する労働者の実質賃金率 W_A の順に実質賃金率が高いことが仮定されるのである。

次の第5章においては，本章で展開したケインズ経済学的な労働余剰経済の短期モデルを使用して，それぞれの産業における技術進歩が経済全体に及ぼす影響について考察する。

第5章 開発途上経済と技術進歩
―ケインズ経済学的分析と労働余剰経済―

　本章においては，第4章において説明したケインズ経済学的な労働余剰経済の短期モデルを使用して，開発途上国の経済をケインズ的な有効需要制約に直面する経済として考察する。第1節においては，技術進歩の経済効果について分析する。ここで，技術進歩とは，単純に企業の生産性上昇という意味での技術進歩の場合だけではなく，ケインズ的な意味での技術進歩についても考察する。第2節においては，農業部門における海外からの技術移転の方法とその問題点について考察する。すなわち，技術移転の方法，移転対象，マクロ経済との関連，技術移転における評価と諸問題について考察する。

1.　技術移転の影響について

　本章では労働余剰型の開発途上国を想定して，外国資本によって経営される産業，国内資本によって経営される産業，国内農業・伝統的産業の3部門モデルからなり，各産業において技術進歩が生じた場合の経済効果について分析する[1]。

　ここで，技術進歩とは付論1と付論2において展開した「ケインズの有効需要の理論」と「アダム・スミスの分業」との関係によって説明される技術進歩である。すなわち市場の拡大とともに，企業内と産業内において進展する2つの「分業」[2]がもたらす産業構造や市場構造の変化から発生する技術進歩

---

1) 第4章において説明したケインズ経済学的な労働余剰経済の3部門短期モデルである。
2) ここで，分業については，次の2種類の分業が説明される。第一の分業とは，1つ

である。このような技術進歩は市場規模の拡大を背景として生じるものであるから，それゆえに有効需要を増加させる過程として説明することができるのである。

このような分析は，開発途上国経済に進出している外国企業が，世界経済において市場の拡大とともに，多国籍企業化を進展させ，拡大する市場規模を背景として，世界経済の分業システムにこのような開発途上国を取り込む過程として説明されるのである。この世界経済の分業の進展の結果として，国内に「外国資本が経営する企業」が進出し，あるいはその規模を拡大していくのである。

このような外国資本によって経営される企業の進出が開発途上国の雇用状態と市場形態に影響を与えることによって，その経済の国際化を進めることによって，国内経済に種々の影響をもたらすと考えることができるのである。開発途上経済がこのような影響を受ける過程は，開発途上国の資源の存賦状態や潜在的な経済能力に応じて異なるものの，やがては，国内の資本蓄積と技術進歩が進み，その影響から国内資本によって経営される企業へもいろいろな影響がもたらされるのである。

このような影響の1つは，国内市場規模が拡大することによって，国内資本が経営する企業の生産量・雇用量も増加すること，影響の2つ目には，労働市場を通して労働者の質が向上して，より良い知識と技術を持った労働者が増加することによって，経済全体の労働生産性が上昇し，個々人の所得が増加するという影響がもたらされるのである。

本節における基本モデルは，労働市場と資本市場，生産関数，実質賃金率と実質賃金率格差，市場均衡条件，利潤極大条件と雇用量の決定，の各項目の中で構成される。

3部門分析の基本モデルを利用して以下の項目について分析を行う。最初に，外国資本において経営される企業・産業において技術進歩が生じた場合の影響について分析する。次に，国内資本によって経営される企業・産業におい

の製品を生産する場合の異なった作業過程の分割に関するものであり，第二の分業とは，同じ産業内における企業間の分業ないし企業の専門化に関するものである。

て技術進歩が生じた場合の影響について分析する。最後に，国内農業において技術進歩が生じた場合の影響について分析する。

1.1 基本モデル

それぞれの産業の生産物の価格は，短期的には一定所与であると仮定する[3]。ここで，P_{FI} を外国資本による産業の生産物価格，P_{DI} を国内資本による産業の生産物価格，P_A を国内農業生産物価格であるとする。ここで，農産物をニューメレール（価値基準財）として $P_A = 1$ とおく。

《労働市場》

この経済の労働市場の産業間の配分条件は，次の (5.1) 式のように表される。ここで，L はこの経済全体の労働供給量（労働賦存量）であり，L_{FI} は外国資本による産業の労働雇用量，L_{DI} は国内資本による産業の労働雇用量，L_A は国内農業・伝統的産業の労働雇用量である。

$$L = L_{FI} + L_{DI} + L_A \tag{5.1}$$

《資本市場》

経済全体の資本ストック量の配分は (5.2) 式で表される。ここで K は経済全体の資本ストック量であり，K_{FI} ＝外国資本による産業の資本ストック量，K_{DI} ＝国内資本による産業の資本ストック量，K_A ＝国内農業・伝統的産業の資本ストック量によって構成されている。

$$K = K_{FI} + K_{DI} + K_A \tag{5.2}$$

---

3) 小国の仮定によって，市場価格は海外市場価格との関係で決定されるために，一定所与であると想定することもできる。しかし，この場合非貿易財の価格は国内市場の需給関係で決定されることになる。

《生産関数》

外国資本による産業の生産関数について，Q_{FI} を生産量，L_{FI} を労働雇用量，K_{FI} を資本ストック量，T_{FI} を技術水準とすると，この産業の生産関数は，次の（5.3）式のように表される。

$$Q_{FI} = F_{FI}(L_{FI}, K_{FI}, T_{FI}) \tag{5.3}$$

国内資本による産業の生産関数については，Q_{DI} を生産量，L_{DI} を労働雇用量，K_{DI} を資本ストック量，T_{DI} を技術水準とすると，この産業の生産関数は次の（5.4）式のように表される。

$$Q_{DI} = F_{DI}(L_{DI}, K_{DI}, T_{DI}) \tag{5.4}$$

国内農業の生産関数について，Q_A を生産量，L_A を労働雇用量，K_A を資本ストック量，T_A を技術水準とすると，国内農業の生産関数は次の（5.5）式のように表される。

$$Q_A = F_A(L_A, K_A, T_A) \tag{5.5}$$

《実質賃金率と実質賃金率格差》

いま，この経済の実質賃金率の条件については，産業間において労働生産性における格差を反映して実質賃金率格差がある状態を前提にして，次のように想定する。ここで，W_{FI} を外国資本による産業が雇用する労働者の実質賃金率，W_{DI} を国内資本による産業が雇用する労働者の実質賃金率，W_A を国内農業が雇用する労働者の実質賃金率であるとする。

この経済において各産業間には実質賃金率格差の格差係数として α と β を用いると実質賃金率格差の大きさは，次の（5.6）式や（5.7）式，（5.8）式のように表すことができる。但し，α は β より大きく，β は 0 より大きい値であるとする。

$$W_{FI} = (1+\alpha) W_A \tag{5.6}$$

$$W_{DI} = (1+\beta) W_A \tag{5.7}$$

$$\alpha > \beta > 0 \tag{5.8}$$

すなわち，外国資本による産業が雇用する労働者の実質賃金率 W_{FI}，国内資

第5章　開発途上経済と技術進歩　*67*

本による産業が雇用する労働者の実質賃金率 W_{DI}，国内農業・伝統的産業が雇用する労働者の実質賃金率 W_A の順に実質賃金率が高いことが仮定されるのである。

《市場均衡条件》

ここで，X_{FI} は外国資本による産業の輸出量，M_{FI} は外国資本による産業の輸入量，X_{DI} は国内資本による産業の輸出量，M_{DI} は国内資本による産業の輸入量，X_A は国内農業・伝統的産業の輸出量，M_A は国内農業の輸入量を表している。

この経済の市場均衡条件については，小国の仮定を用いることによって，それぞれの財の価格は一定所与である。また，各市場の均衡条件が成立しているという前提のもとで発生する貿易収支の不均衡は資本移動によって調整されていると仮定する。すなわち，各財市場の均衡条件は，次の（5.9）式や（5.10）式，（5.11）式によって表される。

$$Q_{FI} = D_{FI}\ (Y) + X_{FI} - M_{FI} \tag{5.9}$$

$$Q_{DI} = D_{DI}\ (Y) + X_{DI} - M_{DI} \tag{5.10}$$

$$Q_A = D_A\ (Y) + X_A - M_A \tag{5.11}$$

ここで，この経済の貿易収支 BT は，次の（5.12）式のように表される。

$$BT = P_{FI}\ (X_{FI} - M_{FI}) + P_{DI}\ (X_{DI} - M_{DI}) + P_A\ (X_A - M_A) \tag{5.12}$$

《利潤極大条件と雇用量の決定》

いま，それぞれの産業の利潤極大条件と労働雇用量の決定について考える。外国資本による産業の労働の限界生産性を $P_{FI}\dfrac{\partial Q_{FI}}{\partial L_{FI}}$ のように偏微分記号で表すとする。外国資本による産業の利潤極大条件から労働雇用量の決定について，次の（5.13）式で表される。

$$P_{FI}\frac{\partial Q_{FI}}{\partial L_{FI}} = P_{FI}F_{FIL_{FI}}\ (L_{FI},\ K_{FI},\ T_{FI}) = W_{FI} \tag{5.13}$$

ここで，$F_{FIL_{FI}}$ は F_{FI} を L_{FI} で偏微分したということを表している。

国内資本による産業の労働の限界生産性を $P_{DI}\dfrac{\partial Q_{DI}}{\partial L_{DI}}$ のように偏微分で表す

とする。国内資本による産業の利潤極大条件から労働雇用量の決定について次の (5.14) 式で表される。

$$P_{DI} \frac{\partial Q_{DI}}{\partial L_{DI}} = P_{DI} F_{DIL_{DI}} (L_{DI}, K_{DI}, T_{DI}) = W_{DI} \qquad (5.14)$$

いま，$F_{DIL_{DI}}$ は F_{DI} を L_{DI} で偏微分したということを表している。

国内資本による産業の実質賃金率は農業部門における実質賃金率値 W_A で決定されており，分析の期間においては一定不変であると想定する。

農業部門・伝統的部門の雇用量は (5.1) 式から次のように決定される。

$$L_A = L - (L_{FI} + L_{DI}) \qquad (5.1')$$

以上の分析から，本論の 3 部門分析の基本モデルは，次の 1.2 項のように整理することができる。

1.2　3部門分析の基本モデル

各産業の利潤極大条件と雇用量の決定について以下の (5.13) 式や (5.14) 式，(5.15) 式，(5.16) 式，(5.17) 式，(5.1') 式のように表される。

$$P_{FI} \frac{\partial Q_{FI}}{\partial L_{FI}} = P_{FI} F_{FIL_{FI}} (L_{FI}, K_{FI}, T_{FI}) = W_{FI} \qquad (5.13)$$

$$\Pi = P_{FI} Q_{FI} - W_{FI} L_{FI} \qquad (5.15)$$

$$P_{DI} \frac{\partial Q_{DI}}{\partial L_{DI}} = P_{DI} F_{DIL_{DI}} (L_{DI}, K_{DI}, T_{DI}) = W_{DI} \qquad (5.14)$$

$$\Pi_{DI} = P_{DI} Q_{DI} - W_{DI} L_{DI} \qquad (5.16)$$

$$\Pi_A = 地代 + 農業利潤 = P_A Q_A - W_A L_A \qquad (5.17)$$

$$L_A = L - (L_{FI} + L_{DI}) \qquad (5.1')$$

この基本モデルは横軸に各産業の雇用量，縦軸に各産業の労働の限界生産性と実質賃金率をとることによって，次の図 5.1 のように表される。ここで，$F_{FIL_{FI}}$ は外国資本による産業の労働需要曲線（労働の限界生産性）であり，$F_{DIL_{DI}}$ は国内資本による産業の労働需要曲線である。

このとき，外国資本による産業の労働者の実質賃金率は W_{FI} で表され，外国資本による産業の労働雇用量は $O_{FI} V$ の幅の L_{FI} で表される。外国資本による産業の資本家の利潤は三角形 ABC の面積で表され，外国資本による産業の労働者の所得は四角形 $BCVO_{FI}$ の面積で表される。

第5章 開発途上経済と技術進歩　69

図 5.1　3 部門モデル

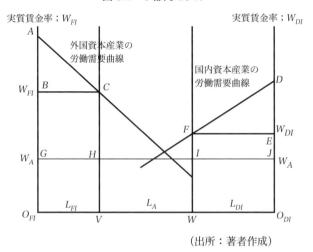

(出所：著者作成)

　また，国内資本による産業の労働者の実質賃金率は W_{DI} で表され，国内資本による産業の労働雇用量は $O_{DI}W$ の幅の L_{DI} で表される。国内資本による産業の資本家の利潤は三角形 DEF の面積で表され，国内資本による産業の労働者の所得は四角形 $EFWO_{DI}$ の面積で表される。

　国内資本による農業の労働者の実質賃金率は W_A で表され，国内資本による農業の労働雇用量は VW の幅の L_A で表される。国内資本による農業の労働者の所得は四角形 $HIWV$ の面積で表される。

1.3　外国産業の技術進歩の影響（$\Delta T_{FI}>0$）

　外国資本によって経営される産業において技術進歩が生じた場合の影響（ΔT_{FI}）については，$W_{FI} = (1+\alpha) W_A$ より，
次の (5.18) 式から分析することができる。

$$P_{FI} F_{LFI} (L_{FI}, K_{FI}, T_{FI}) = (1+\alpha) P_A F_{LA} (L_A, K_A, T_A) \quad (5.18)$$

この式を，生産物価格（P_{FI}, P_A）と資本ストックの配分状態（K_{FI}, K_A）については一定所与として技術水準 T_{FI} で微分すると，次の(5.19)式が成立する。

$$P_{FI} \{F_{LLFI} (L_{FI}, K_{FI}, T_{FI}) \frac{dL_{FI}}{dT_{FI}} + F_{LTFI}(L_{FI}, K_{FI}, T_{FI})\} = P_A F_{LA} (L_A, K_A, T_A) \frac{d\alpha}{dT_{FI}}$$

$$\frac{dL_{FI}}{dT_{FI}} = -\frac{F_{LTFI}\ (L_{FI},\ K_{FI},\ T_{FI})}{F_{LLFI}\ (L_{FI},\ K_{FI},\ T_{FI})} + \frac{P_A F_{LA}\ (L_A,\ K_A,\ T_A)}{P_{FI}\ F_{LLFI}\ (L_{FI},\ K_{FI},\ T_{FI})}\ \frac{d\alpha}{dT_{FI}} > 0 \quad (5.19)$$

このとき，$F_{LTFI}\ (L_{FI},\ K_{FI},\ T_{FI})$ は外国資本によって経営される産業において労働の限界生産性 F_{LFI} を技術水準 T_{FI} で微分したことを表しており，技術進歩が生じた場合に労働の限界生産性の上昇の程度を表している。また，F_{LLFI} $(L_{FI},\ K_{FI},\ T_{FI})$ は外国資本による産業において労働の限界生産性 F_{LFI} を外国資本による産業に雇われる労働雇用量 L_{FI} で微分したことを表しており，ここでは限界生産性逓減を想定しているため，2階微分は負の値を示している。

この技術進歩によって雇用量が増加しない場合には，$\dfrac{dL_{FI}}{dT_{FI}} = 0$ であり，次の (5.20) 式が成立し，当該産業の賃金率の上昇を反映して，賃金率格差 α が増大することが説明される。

$$\frac{d\alpha}{dT_{FI}} = \frac{P_{FI} F_{LTFI}\ (L_{FI}, K_{FI}, T_{FI})}{P_A\ F_A\ (L_A, K_A, T_A)} > 0 \quad (5.20)$$

また，この技術進歩によって賃金率が上昇しない場合には，すなわち，$\dfrac{d\alpha}{dT_{FI}}$ $= 0$ のときには，次の (5.21) 式のように当該産業の雇用量が増大することが説明される。

$$\frac{dL_{FI}}{dT_{FI}} = -\frac{F_{LTFI}\ (L_{FI},\ K_{FI},\ T_{FI})}{F_{LLFI}\ (L_{FI},\ K_{FI},\ T_{FI})} > 0 \quad (5.21)$$

すなわち，外国資本による産業に技術進歩があり，労働の限界生産性が上昇すると，有効需要制約によって生産量が一定の短期の状態では，実質賃金率が上昇して他の産業との賃金率格差が増加することが説明されるのである。

しかし，外国資本が経営する企業の場合は，実質賃金率の上昇ではなく輸出量の増加によって生産量を増加させることができると考えられるので，実質賃金率の上昇は発生せずに生産量の増加にともなって当該産業の雇用量が増加すると考えることができるのである。

輸出が増加せずに実質賃金率が上昇する場合においても，中長期的には，労働の限界生産性の上昇を反映して，生産量が増加して，実質賃金率 W_{FI} が元の状態になるように労働雇用量が増加すると考えられる。

第5章　開発途上経済と技術進歩　*71*

《他の産業への影響》

　ここで（5.1）式は労働市場の需給均衡条件を表しているから $L = L_{FI}+L_{DI}+L_A$ より，外国資本による産業の資本に雇われる労働雇用量が増加すると，農業・伝統的産業の雇用量が減少することが次の（5.22）式で説明される。

$$\frac{dL_A}{dT_{FI}} = -\frac{dL_{FI}}{dT_{FI}} < 0 \tag{5.22}$$

　このとき，国内資本によって経営される産業の労働雇用量を表す L_{DI} は外国資本による産業の技術進歩とは直接的な関係がないため不変であると考えられ，次の（5.23）式のように表される。

$$\frac{dL_{DI}}{dT_{FI}} = 0 \tag{5.23}$$

　以上の分析は，図5.2のように表すことができる。

　図5.2において，外国資本による産業の技術進歩の影響は外国資本による産業の労働生産性曲線＝労働需要曲線の右上へのシフトによって表される。ここで，外国資本による産業の生産量が一定不変の場合には実質賃金率が点 C から点 C_S へと上昇させることが説明される。

　また，中長期的には生産量の増加を反映して雇用量が増加し，労働者の実質

図5.2　外国資本産業の技術進歩の影響

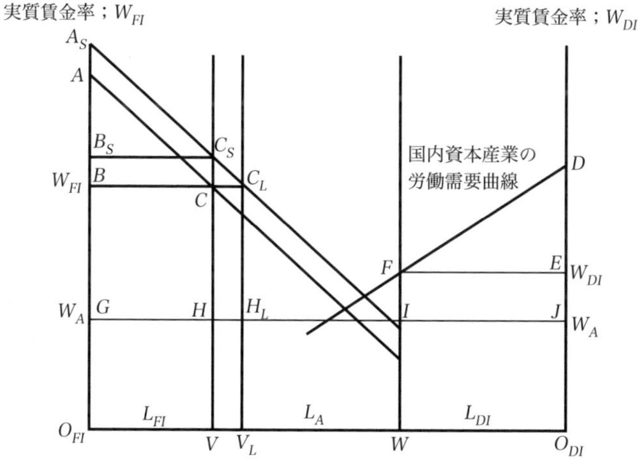

（出所：著者作成）

賃金率は W_{FI} の水準に戻ることが説明されるのである。このとき，国内経済においては有効需要制約が存在するために，外国資本による産業の生産量の増加は輸出量の増加として実現するのである。

このとき，外国資本による産業の労働雇用量は $O_{FI}V$ の幅から $O_{FI}V'$ の幅へと増加し，技術進歩の影響で VV' の幅だけ増加する。外国資本による産業の技術進歩の影響により外国資本による産業の資本家の利潤は三角形 ABC の面積から A_SBC_S の面積へと変化し，中長期的には三角形 A_SBC_L の面積へと増加することが説明される。

外国資本による産業の労働者の所得は四角形 $BCVO_{FI}$ の面積から四角形 $BC_LV_LO_{FI}$ の面積へと四角形 CC_LV_LV の面積の分だけ増加することが表される。

すなわち，外国資本による産業の技術進歩の影響により生産量は，短期的には不変であるが，中長期的には四角形 A_SACC_L の面積と四角形 CC_LV_LV の面積の分だけ増加することを表している。

このとき，技術進歩の影響により外国資本による産業の労働雇用量が VV' の幅だけ増加した分だけ，国内資本による農業・伝統的産業の労働雇用量は減少する。すなわち，農業・伝統的産業の労働者の所得は四角形 $HIWV$ の面積から四角形 H_LIWV_L の面積へと減少することが表される。

この経済全体の国民所得は，中長期的には四角形 A_SACC_L の面積と四角形 CC_LH_LH の面積の分だけ増加することが表される。

1.4　国内企業の技術進歩の影響（$\varDelta T_{DI}>0$）

国内資本によって経済される産業において技術進歩が生じた場合の影響（$\varDelta T_{DI}$）については，次のように分析することができる。

いま，国内資本による産業に技術進歩があり労働の限界生産性が上昇したとすると，短期的には実質賃金率が上昇し，中長期的には雇用量が増加して実質賃金率が元の水準に戻ることが説明される。

$W_{DI} =$ $(1+\beta) W_A$ より，次の（5.24）式が成立する。

$$P_{DI}F_{LDI} (L_{DI}, K_{DI}, T_{DI}) = (1+\beta) P_A F_{LA} (L_A, K_A, T_A) \quad (5.24)$$

この式を，生産物価格 (P_{DI}, P_A) と資本ストックの配分状態 (K_{DI}, K_A) については一定所与として，国内資本によって経済される産業の技術水準 T_{DI} で微分すると，次の（5.25）式が成立する。

$$P_{DI} \{F_{LLDI}(L_{DI}, K_{DI}, T_{DI})\frac{dL_{DI}}{dT_{DI}} + F_{LTDI}(L_{DI}, K_{DI}, T_{DI})\}$$
$$= P_A F_{LA}(L_A, K_A, T_A)\frac{d\beta}{dT_{DI}}$$

$$\frac{dL_{DI}}{dT_{DI}} = -\frac{F_{LTDI}(L_{DI}, K_{DI}, T_{DI})}{F_{LLDI}(L_{DI}, K_{DI}, T_{DI})} + \frac{P_A F_{LA}(L_A, K_A, T_A)}{P_{DI} F_{LLDI}(L_{DI}, K_{DI}, T_{DI})} \frac{d\beta}{dT_{DI}} > 0$$

$$(5.25)$$

このとき，$F_{LTDI}(L_{DI}, K_{DI}, T_{DI})$ は国内資本による産業において労働の限界生産性 F_{LDI} を技術水準 T_{DI} で微分したことを表しており，技術進歩が生じた場合に労働の限界生産性は上昇することを表している。また，$F_{LLDI}(L_{DI}, K_{DI}, T_{DI})$ は国内資本による産業において労働の限界生産性 F_{LDI} を国内資本による産業に雇われる労働雇用量 L_{DI} で微分したことを表しており，2 階微分が負の値を示していることは，労働の限界生産性逓減を示している。

この技術進歩によって雇用量が増加しない場合には，$\frac{dL_{DI}}{dT_{DI}} = 0$ であり，次の（5.26）式が成立し，当該産業の賃金率の上昇を反映して，賃金率格差 β が増大することが説明される。

$$\frac{d\beta}{dT_{DI}} = \frac{P_{DI} F_{LTDI}(L_{DI}, K_{DI}, T_{DI})}{P_A F_A(L_A, K_A, T_A)} > 0 \qquad (5.26)$$

また，この技術進歩によって賃金率が上昇しない場合には，すなわち，$\frac{d\beta}{dT_{DI}} = 0$ のときには，次の（5.27）式のように当該産業の雇用量が増大することが説明される。

$$\frac{dL_{DI}}{dT_{DI}} = -\frac{F_{LTDI}(L_{DI}, K_{DI}, T_{DI})}{F_{LLDI}(L_{DI}, K_{DI}, T_{DI})} > 0 \qquad (5.27)$$

すなわち，国内資本による産業に技術進歩があり，労働の限界生産性が上昇すると，有効需要制約によって生産量が一定の短期の状態では，実質賃金率が上昇して農業と伝統的産業との賃金率格差 β が増加することが説明されるのである。

しかし，国内資本が経営する企業が，輸出量の増加によって，あるいは輸入

代替財の海外からの輸入量の減少によって，国内の生産量を増加させることができる場合は，実質賃金率の上昇は発生せずにこの産業において雇用量が増加すると考えることができるのである。

輸出が増加せずに実質賃金率が上昇する場合においても，中長期的には，労働の限界生産性の上昇を反映して，生産量が増加して，実質賃金率 W_{DI} が元の状態になるように労働雇用量が増加すると考えられる。

《他の産業への影響》

ここで (5.1) 式は労働市場の需給均衡条件を表しているから $L = L_{FI} + L_{DI} + L_A$ より，国内資本による産業の資本に雇われる労働雇用量が増加すると，国内農業・伝統的産業において雇われる労働雇用量は減少することが次の (5.28) 式で表される。

$$\frac{dL_A}{dT_{DI}} = -\frac{dL_{DI}}{dT_{DI}} < 0 \tag{5.28}$$

外国資本による産業の労働雇用量を表す L_{FI} は国内資本による産業の技術進歩とは直接的な関係がないため不変であると考えられ，次の (5.29) 式のように表される。

図 5.3　国内資本産業の技術進歩の影響

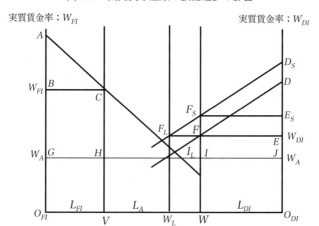

(出所：著者作成)

$$\frac{dL_{FI}}{dT_{DI}} = 0 \tag{5.29}$$

以上の分析は，図5.3のように表すことができる。

図5.3において，国内資本による産業の技術進歩の影響は，国内資本による産業の労働の限界生産性曲線＝労働需要曲線の左上へのシフトによって表される。ここで，有効需要制約状態の短期においては，生産量と雇用量の変化がない場合は実質賃金率が上昇することが説明される。

中長期的には，輸出量の増加あるいは輸入競争財の減少にともなう生産量の増加を反映して国内資本による産業の雇用量が増加して労働者の実質賃金率は元の状態に戻ることが説明されるのである。このとき，国内資本による産業の労働雇用量は $O_{DI}W_{DI}$ の幅から O_{DI} W_{DI}' の幅へと WW_L の幅だけ増加するのである。

国内資本による産業の技術進歩の影響により国内資本による産業の資本家の利潤は，短期的には，実質賃金率の上昇を反映して，三角形DEFの面積から $D_SE_SF_S$ の面積へと変化する。中長期的には生産量の増加と雇用量の増加を反映して，国内資本による産業の労働者の所得は四角形 $EFWO_{DI}$ の面積から四角形 $EF_LW_LO_{DI}$ の面積へと四角形 FF_LW_LW の面積の分だけ増加することが表される。この生産量の増加は国内の有効需要は一定不変であるから，輸出の増大あるいは輸入代替による輸入の減少によって実現されることになるのである。

すなわち，国内資本による産業の技術進歩の影響により，生産量は四角形 DD_SF_SF の面積と四角形 FF_LW_LW の面積の分だけ増加していることを表している。

このとき，技術進歩の影響により国内資本による産業の労働雇用量が WW' の幅だけ増加した分だけ，国内資本による農業の労働雇用量は減少する。すなわち，国内資本による農業の労働者の所得は四角形 $HIWV$ の面積から四角形 HI_LW_LV の面積へと四角形 II_LW_LW の面積の分だけ減少することが表される。

このとき経済全体の国民所得の大きさは四角形 DD_SF_LF の面積と四角形 IFF_LI_L の分だけ増加することが表される。

1.5 国内農業・伝統的産業における技術進歩の影響

国内農業・伝統的産業において技術進歩が生じた場合の影響（ΔT_A）については，次の（5.30）式と（5.31）式のように分析することができる。

$$\Pi_A = 地代 + 農業利潤 = P_A Q_A - W_A L_A = P_A F_{LA}(L_A, K_A, T_A) - W_A L_A$$
(5.30)

$$\frac{d\Pi_A}{dT_A} = P_A\left(F_{LLA}(L_A, K_A, T_A)\frac{dL_A}{dT_A} + F_{LTA}(L_A, K_A, T_A)\right) - W_A\frac{dL_A}{dT_A}$$
(5.31)

ここで，他の産業の実質賃金率が農業・伝統的産業の実質賃金率よりも高い限り，この部門の労働生産性の上昇によって他の産業から労働力が移動する可能性は無いと考えられるため，次の（5.32）式が成立する。

$$\frac{dL_A}{dT_A} = 0$$
(5.32)

すなわち，次の（5.33）式のように，農業・伝統的産業の地代と利潤が増大することが説明されるのである。

$$\frac{d\Pi_A}{dT_A} = P_A F_{LTA}(L_A, K_A, T_A) > 0$$
(5.33)

以上の分析によって，農業・伝統的産業についての技術進歩の影響は，次のように説明することができる。

国内資本による農業・伝統的産業において技術進歩が生じた場合の影響は，制度的賃金率が一定のもとでは，農業・伝統的産業の地代と利潤を増大させる。国内資本による農業・伝統的産業において技術進歩が生じる前は，地主・資本家の浪費の傾向が強かったことを想定するならば，国内資本による農業・伝統的産業の生産性の上昇はこの経済の資本蓄積には貢献しない可能性があることが説明されるのである。

また，農業・伝統的産業の生産物が輸出財である場合は，輸出量の増大となる。農業生産物が輸入代替材の場合は，輸入量の減少となるのである。このとき，地主と農業資本家が禁欲的であり，地代と利潤の増加額が投資資金の増大となり，投資意欲も増大すると考えることができるならば，農業の近代化の要因となると期待することができるのである。

第5章　開発途上経済と技術進歩　77

1.6　ケインズ経済学的説明

　本節においては，労働余剰型の開発途上国の経済を外国資本による輸出財産業と国内資本による輸入財の代替産業，そして，国内農業・伝統的産業の3部門モデルとして考え，ケインズ的有効需要制約のもとで，これらの各産業においてそれぞれ独立に技術進歩が生じた場合の経済効果について説明する。

　最初に，外国資本による産業において技術進歩が生じた場合には，ケインズ的な有効需要制約のもとでは，この産業の生産量の増加分だけ輸出量が増加し，実質賃金率が一定のもとで雇用量が増大して，企業の利潤が増大することが説明された。また，労働余剰型の経済においては，農業・伝統的産業の労働者の雇用量の減少分だけ生産量が減少することはない状態であ[4]。マクロ経済全体としての効果は，この外国資本による産業の雇用量の増加分に対応する労働者の所得増大とこの産業の利潤の増加が国民所得の増加であることが説明された。しかし，外国資本が利潤の増加分を本国送金とする場合には，技術進歩の効果は限られた大きさになるのである。

　次に，国内資本による産業において，技術進歩が生じた場合には，この産業が輸入財についての代替産業である場合には，国内の有効需要制約を反映して，この産業の生産量の増加分だけこの経済の輸入量が減少し，この産業の実質賃金率が一定のもとで雇用量が増大し，利潤が増大することが説明された。また，先のケースと同様に，労働余剰型の経済においては，農業・伝統的産業の労働者の雇用量の減少分だけ生産量が減少することはない状態である[5]。

　マクロ経済全体としての効果は，この産業の雇用量の増加分に対応する労働者の所得増大とこの産業の利潤の増加が国民所得の増加となることが説明された。

　国内農業において技術進歩が生じた場合の影響については，制度的賃金率が一定の場合には，農業生産性の上昇は，地主や資本家の所得の増大となり，労働雇用量には影響が無いことが説明されるのである。

4）農業生産物の生産量が減少する場合には，農業生産物の輸入増加になるのである。
5）先の例と同様に農業生産物の生産量が減少する場合には，農業生産物の輸入増加になるのである。

2. 技術移転の方法

　開発途上経済において農業・伝統的部門における技術進歩の経済効果については，種々の問題が発生する。この節においては，斉藤優教授の『開発経済学』を参考にして，農業部門における技術移転の方法とその問題点について若干の考察を行う。

2.1 技術移転の方法と条件

　先進工業諸国から開発途上国に対して行われる技術移転には，次の二つの方法がある。

　(1) 直接的技術移転

　(2) 間接的技術移転

　直接的技術移転とは，技術の供与者が受入れ者に対して直接的に移転する方法である。工業分野における国際的技術移転については，このような直接的技術移転が相対的に容易であると考えられるが，農業や伝統的な産業においてはこのような方法は容易ではない。

　間接的技術移転とは，供与者または受入れ者が，技術移転を専門とする移転エージェントに依頼して，間接的に技術供与を実行してもらう方法である。このような方法が農業分野においては主流となる技術移転の方法であると考えられている。

　ここで技術移転エージェントとは，委託者の目的がより有効に実現できるように，専門の知識・経験・能力を使って技術移転業務を代行するものである。たとえば組織・機関的には技術普及専門機関，教育・研修機関，農業・水産などにみられるように，普及部門を持つ研究所・試験場，パテント・ブローカーなどがある。これらのほか開発 NGO（開発途上国の開発問題に専門的に取り組んでいる非政府組織・団体）もある [6]。

---

6) 技術移転の対象が階級的，人種的，宗教的，……に多層であり，その間に十分なコミュニケーションがない場合，各層直結の技術移転エージェントを利用する必要がある。

第5章 開発途上経済と技術進歩 79

　技術移転推進主体は，必要な場合には，その目的に最適な技術移転ネットワークが利用できるように，技術移転エージェントを選択し，利用することが大切である。ときには供与側からも導入側と協力して，導入国内の国内的移転エージェントの利用に働きかけることが必要である。

　技術移転エージェントを選択・利用するさいに，技術供与・導入者と移転エージェントの間に次のような条件を考慮しなければならない。

　(A) 信頼関係

　(B) 目的・情報の共有

　(C) 十分な技術移転能力（十分な技術吸収能力と技術指導能力）

　(D) 委任遂行の信念とインセンティブ

　技術移転エージェントを人格的な面から見ると，戦略的には一つには技術的リーダーになりうる人，二つにはオピニオン・リーダーである人，三つにはチェンジ・エージェントとしての役割が果たせる人が望ましいと考えられる。前2者までは人材発掘については努力すれば可能であると考えられているが，三つ目の条件は容易ではない。

　ここでオピニオン・リーダーには二つのタイプがある。一つは古いタイプのオピニオン・リーダーであって，彼らは威信とパワーに頼ってきた。他は知識と信頼，テクノクラート的性格をもつ近代的オピニオン・リーダーである。既存の社会構造に新風を吹き込むような技術革新の移転には，近代的オピニオン・リーダーのほうが効果的である。

　チェンジ・エージェントとは既存の社会や組織を新しい，より優れたものに革新的に変革していくのにリーダーシップを発揮していくものである。オピニオン・リーダーであるからといって，必ずしもチェンジ・エージェントであるとは限らない。チェンジ・エージェントは既存の組織や伝統的思考を変革して創造的破壊をするイノベーター的性格を持ち，革新的行動をとる。したがって古いタイプのオピニオン・リーダーとは相容れないと考えられる。

2.2 技術移転と移転の対象

技術移転において，移転対象が違えば，移転手段が異なるのは当然のことである。移転したい技術を体化させる対象が人間なのか農業機械のような物なのか，また農業共同体や知的財産権制度のような社会的組織・秩序なのか，あるいはハードウェアもソフトウェアも含めたシステムなのかによって移転手段が異なるからである。いずれの場合も供与側と受入れ側とのコミュニケーションと情報交流が必要であり，移転プロセスをよりスムーズに進行させるために，より詳細な専門的情報を提供していかなければならない場合がある。

技術を体化させたい対象が労働者である場合には，教育・研修やOJT（On the Job Training）によって移転するのが普通である。この場合，技術移転のさいに，専門家派遣や研修生受入れが中心である。また，対象が機械供与や組織・秩序形成のための場合は，調査協力，視察団受入れ，経験の伝達が中心である。対象がシステムの場合は，以上のようなそれぞれの対象への技術移転を総合的に組み合わせた，プロジェクト技術協力のような手段が使われることになる[7]。

一部の技術だけを移転しようとしても成功しがたいものがあり，総合的システムとして移転しないと成功しない場合もある。「農村開発の場合，近代的耕作技術を移転しようとするとき，土地所有・耕作形態や農産品市場構造・組織の近代化，水利管理，農村電化，必要なその他のインフラストラクチャーの整備を共に推進したほうが相乗効果によって，より大きな効果が期待できる」（斎藤優 p.234）なのである。逆に，それらが可能では無いときには，その技術移転は容易ではなく，「たとえ一部に成功したとしても，全体的に貧富の格差を拡大する結果になるかもしれない」（斎藤優 p.234）。すべてのケースに対応して取り組むには技術移転資源に限界がある場合には，総合的システムのなかでどの分野に重点を置いて，いずれを優先するかを戦略的に考える必要が生じることがある[8]。

---

7) 一般的には移転技術が高度化，大規模化するほどシステム的手段の利用の必要性が高まってくる。

8) 教育・研修の対象が非常に高度なものの場合はこの教育・研修に教育工学的手法の適用が求められる。たとえば技術水準の高い科学工業の移転ではプラント建設と同時にオペレーターの養成をし，教育・訓練には長期を要することになる。

2.3 技術移転とマクロ経済

マクロ経済的には，政府の技術移転政策については，以下のようにいろいろな関連分野を含むことになるのである。

(1) 技術移転に関する経済政策（金融・財政・租税・関税政策など）

(2) ニーズ発掘政策

(3) 技術移転資源の供給政策（人材・設備・資金・情報など）

(4) コミュニケーション政策（技術供与者と導入者に対して，研究成果の普及，技術知識の普及など）

(5) 指導・養成政策，高等教育機関の充実

(6) 技術移転のインフラストラクチャーの整備に関する政策

(7) マクロ的なインセンティブ政策

以上の項目について各々の経済の状況に対応したきめ細かい政策が必要である。

2.4 技術移転をめぐる評価と諸問題

『国際開発論』（斎藤優著）によると，戦後の世界経済の中で，技術移転が成功したもののマクロ的な共通要因は次のようなものである。

(1) 受入れ国の国家開発に役立つ技術であること

(2) 本節1で述べた五つの条件を満たしていること

(3) 適正技術か，それに近いものであること

(4) 受入れ国側の自助努力が大きいこと

(5) サステナビリティの要求にあっていること

(6) 供与側の技術移転事業への愛着と導入側の熱心さがうまくかみ合った協力

(7) 関係者の幅広い参加と行政の支援

これとは反対に，種々の問題が生ずるのは，多くの技術協力専門家が彼らの経験から指摘するように，①計画の不備，②予算の不足，③考え方あるいは実行上に無理がある場合であり，④技術習得能力が追いついていけない場合か技

術選択を誤った場合，⑤予算執行の仕組みにおける両者のくい違い，⑥組織的硬直と脆弱，ビューロクラシーの弊害，⑦地域住民の非協力ないし妨害，⑧火災，などがある。

技術移転が成功する為のミクロ的要因は，各技術移転プロジェクトにおいて，マネージメントを確実に実行することである。カウンターパートの養成が不十分であり，保守管理がうまくないために，外国人派遣専門家が帰国した後は機器が動かせず，事業が止まってしまう場合が少なくないのである。

ILO（国際労働機関）が1975年に発表した適正技術の基準設定を見ると，

(A) 雇用拡大の可能性が大きいもの

(B) 市場および企業の実際のニーズを満たし，地域産業に良い効果を持つ

(C) 地域の所得水準に対応して少ない投資で利用できるもの

(D) 国内資源を利用できる可能性ができるだけ大きいこと

(E) 現在，利用している技術よりも高い生産性を持つ

(F) メンテナンスが容易であること

(G) その地域の支配的社会条件と矛盾しないこと

などが挙げられている。以上のすべての条件を満たす技術は少なく，より厳しい条件を挙げる人もたくさんいる。中には，外貨の稼得・節約を条件にする国も少なくないのである。また，近年においては，環境保全や公害防止面からサステナビリティの条件を主張する人達が多いのが現状である。

3. 分析結果

本章においては，開発途上国の経済を3部門モデルとして考え，技術移転と技術進歩の経済効果にて分析した。

開発途上国の基本モデルとして，外国資本によって経営される輸出財産業と国内資本によって経営される輸入代替財産業，そして，国内農業・伝統的産業の3つの部門からなる経済を基本モデルとして，これらの各産業においてそれぞれ独立に技術進歩が生じた場合の経済効果について分析した。

第5章　開発途上経済と技術進歩　*83*

　最初に，外国資本によって経営される産業において技術進歩が生じた場合には，この産業の生産量の増加分だけこの経済の輸出量が増加し，実質賃金率が一定のもとで雇用量が増大し，利潤が増大することが説明された。また，農業・伝統的産業の雇用量の減少分だけ農業生産物の生産量が減少する場合は，農業生産物の輸入の増加になることが説明された。マクロ経済全体としての効果は，この産業の雇用量の増加分に対応する労働者の所得増大とこの産業の利潤の増加が国民所得の増加であることが説明された。

　国内資本によって経営される産業において技術進歩が生じた場合には，この産業が輸入財についての輸入代替財産業である場合には，この産業の生産量の増加分だけこの経済の輸入量が減少し，この産業の実質賃金率が一定のもとで雇用量が増大し，利潤が増大することが説明された。また，農業・伝統的産業の雇用量の減少分だけ農業生産物の生産量が減少する場合は農業生産物輸入の増加になることが説明された。マクロ経済全体としての効果は，この産業の雇用量の増加分に対応する労働者の所得増大とこの産業の利潤の増加が国民所得の増加であることが説明された。

　国内農業・伝統的産業において技術進歩が生じた場合の影響については，制度的賃金率が一定の場合には，農業生産性の上昇は，地主や資本家の所得の増大となり，労働雇用量には影響が無いことが説明されるのである。

　第2節においては，開発途上経済における農業部門に対する技術移転の方法と移転対象，マクロ経済との関連，技術移転における評価と諸問題について考察した。先進工業諸国から開発途上国への農業技術の移転問題や技術援助の経済効果とその在り方について分析した。

第6章　最低賃金引上げ政策とタイ経済

1.　分析の目的

　インラック内閣[1]は2013年1月1日より，タイの賃金格差を是正するために最低賃金を全国的に300バーツ（約870円；当時の為替相場によって換算）に引き上げた[2]。本章においては，このインラック首相(2011年より現職)の「最低賃金引上げ政策」は，タイ経済における賃金格差問題の解決策として有効であるか否かについて考察する[3]。

　すなわち，以下の点について考察する。

①　タイの労働力不足問題とそれにともなう「最低賃金引上げ政策」が国内経済に及ぼす影響について考察する。

②　タイ経済における最低賃金の引き上げは，海外から進出している企業が撤退する可能性があることについて考察する。

③　このような問題を前提とすると，インラック内閣の「最低賃金引上げ政策」は経済的に効果があるためにはどのような課題があるかについて考察する。

---

1) インラック首相は，2001年から2006年まで首相としてタイを率いてきたタクシン氏の妹であり，インラック首相の選挙公約に掲げられていた政策である。
2) 当初は，2012年1月より実施される予定であったが，2011年11月の洪水の影響や産業界からの反発を受けて全国的な実施は1年間延期されていた。一部の地域，バンコク及び周辺の6つの県（パトゥムタニ，ノンタブリ，サムットサコン，ナコンパトゥム，サムットプラカン，南部プーケット）においては2012年4月より最低賃金が300バーツに引き上げられていた。その他の地域では300バーツへの引き上げはいったん見送られ，各地域ごとに当時設定されていた最低賃金の40%引き上げを実施して，2013年1月に全地域で300バーツに引き上げるという二段階の実施となった。
3) 本論文の作成時期においては，インラック首相の内閣における政策であった。

2. 産業と就業構造

以下，タイ経済について，国内に農業・伝統的産業の他に，簡単な2つの製造業部門が存在すると想定してモデルを設定して分析を行う。

タイ経済における労働市場について，外国の資本が経営する企業とタイの資本が経営する企業の二種類の企業群から成立すると考える。労働者の教育・能力格差の存在の為に労働市場は2つの市場に分けられていると仮定する。もちろん，国内の有効需要制約によって各産業の雇用量に制約があるために，外国の資本が経営する企業に雇われる労働者数には限界があると想定する。また同時に，各労働市場は競争的であると仮定する。

外国資本が経営する企業において雇用される労働力は技術水準の高い労働者であり，国内資本によって経営される企業に雇用される労働力は農業・伝統的部門の労働力と代替的な関係にある労働者が存在すると仮定する。

ここで短期分析として，労働市場の労働供給量は一定であると想定する。長期的には各企業の技術進歩や労働者の教育水準の上昇や熟練労働者の増加等の要員によって，また，それぞれの産業の相対価格の変化等によって労働市場の条件は変化することを考慮しなければならない。

2.1 外国資本企業の雇用量と賃金率

Q_1 を外国資本が経営する企業の生産物の生産量，F^1 を生産関数，N_1 を労働雇用量，K_1 を資本投入量，T_1 を技術水準とすると，外国資本企業の生産関数は，次の (6.1) 式のように表される。

$$Q_1 = F^1 (N_1, K_1, T_1) \tag{6.1}$$
$$F_{N1}^1 (N_1, K_1, T_1) > 0, \quad F_{NN1}^1 (N_1, K_1, T_1) < 0$$
$$F_{K1}^1 (N_1, K_1, T_1) > 0, \quad F_{KK1}^1 (N_1, K_1, T_1) < 0$$
$$F_{T1}^1 (N_1, K_1, T_1) > 0, \quad F_{TT1}^1 (N_1, K_1, T_1) < 0$$

ここで，労働の価値限界生産性，資本の価値限界生産性，技術水準の価値限

界生産性は正であり，それぞれの価値限界生産性[4]は低減することを仮定している。

この企業の利潤極大条件を求めると労働の価値限界生産力＝名目賃金率 W_1 として求められる[5]。短期的において，外国資本が経営する企業の生産量が一定所与であるか，あるいは，雇用可能な質の高い労働者数が一定所与であると仮定すると，労働の価値限界生産力から外国資本企業の労働者の賃金率が決定される。

2.2　国内資本企業の雇用量と賃金率

Q_2 を国内資本が経営する企業の生産物の生産量，F^2 を生産関数，N_2 を労働雇用量，K_2 を資本投入量，T_2 を技術水準とすると，国内資本企業の生産関数は，次の（6.2）式のように表される。

$$Q_2 = F^2 (N_2, \ K_2, \ T_2) \tag{6.2}$$

$$F^2_{N1} \quad (N_2, \ K_2, \ T_2) > 0, \quad F^2_{NN1} \ (N_2, \ K_2, \ T_2) < 0$$

$$F^2_{K1} \quad (N_2, \ K_2, \ T_2) > 0, \quad F^2_{KK1} \ (N_2, \ K_2, \ T_2) < 0$$

$$F^2_{T1} \quad (N_2, \ K_2, \ T_2) > 0, \quad F^2_{TT1} \ (N_2, \ K_2, \ T_2) < 0$$

ここで，労働の価値限界生産性，資本の価値限界生産性，技術水準の価値限界生産性は正であり，それぞれの価値限界生産性[6]は低減することを仮定している。

この企業の利潤極大条件を求めると労働の価値限界生産力＝名目賃金率 W_2 として求められる[7]。短期的に国内資本企業の生産量が国内の有効需要制約によって一定所与であるか，あるいは，農業・伝統的産業において決定される制度的賃金率との関係で賃金率が決定されるとき，この企業の雇用者数は一定であると仮定することができる[8]。

---

4)　それぞれの生産要素に関する二階偏微分の値として定義される。

5)　利潤最大条件の二階条件は，労働の価値限界生産力逓減を前提にしているため満たされている。

6)　それぞれの生産要素に関する二階偏微分の値として定義される。

7)　利潤最大条件の二階条件は労働の限界生産力逓減を前提にしているため満たされている。

8)　この労働市場が競争的であるという仮定により，タイ資本が経営する企業の労働者の名目賃金率はタイ資本企業の労働の価値限界生産力によって決定される。

3. タイ国内の賃金率格差

タイ経済における2つの製造業(工業)の労働市場について考える。図6.1の左側の縦軸は外国の資本が経営する企業に雇われる労働者の賃金率 W_1 と労働の価値限界生産性を表しており、右側の縦軸はタイの資本が経営する企業に雇われる労働者の賃金率 W_2 と労働の価値限界生産性を表している。右方向への横軸 O_1N_2 は外国の資本が経営する企業に雇われる労働量を表しており、左方向への横軸 O_2N_1 はタイの資本が経営する企業に雇われる労働量を表している。

図6.1の直線 $AFEB$ は外国の資本が経営する企業における労働の価値限界生産性曲線を表しており、労働需要曲線を表している。また、直線 $CEGD$ はタイの資本が経営する企業における労働の価値限界生産性曲線を表しており、労働需要曲線を表している。ここで、両労働需要曲線はケインズの第二公準としての労働需要曲線であると考える。

図6.1 2部門モデル

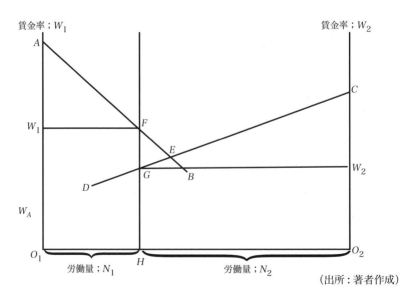

(出所:著者作成)

第 6 章　最低賃金引上げ政策とタイ経済　*89*

有効需要制約の下での企業の利潤極大条件から外国の資本が経営する企業に雇われる労働者数 N_1 (=O_1H) であり，タイの資本が経営する企業に雇われる労働者数 N_2 (=O_2H) である場合について考察する。

このとき，外国の資本が経営する企業に雇われる労働者の賃金率は W_1 で決定され，タイの資本に雇われる労働者の賃金率は W_2 で決定されている。ここでは，外国の資本が経営する企業に雇われる労働者の賃金率 W_1 はタイ国の資本に雇われる労働者の賃金率 W_2 より高い水準であるとする。

外国の資本家の企業の利潤は三角形 AW_1F の面積で表され，タイの資本家の企業の利潤は三角形 CEW_2 の面積で表される。外国の資本家の企業に雇われる労働者の賃金所得は四角形 FHO_1W_1 の面積で表され，タイの資本が経営する企業に雇われる労働者の賃金所得は四角形 GHO_2W_2 の面積で表される。

現在のタイの労働市場の現状が図 6.1 のように表されるとすると，タイの賃金率格差の現状について説明することができる。

ここで，タイ政府は政策において賃金率格差を是正したいとしている。

しかし，外国の資本が経営する企業に雇われる労働者 O_1H の量は，短期的には容易に拡大できないのである。その理由として，次の 2 つのことが挙げられる。

理由 1：外国の資本が経営する企業に雇われる労働者とタイの資本が経営する企業に雇われる労働者との間において労働の質の格差が存在すること。

理由 2：地方の農村からの出稼ぎ労働者が主に農閑期に限られていること。

現在の段階で労働の質の格差を縮小させるためには，教育格差問題と農村問題を解決することが必要であるが，短期的には容易ではないのである。

《製造業（工業部門）と農業の賃金格差の縮小》

また，現在時点においては，外国資本に雇用される労働者の賃金率 W_1 とタイ国内資本に雇用される労働者の賃金率 W_2 の格差が少しずつ縮小してきていること。そして，タイ経済の成長に対応して農業生産物の需要が好調であるため，地方や農村から都市部への出稼ぎの経済的動機が小さくなってきていると

考えられるのである。

　ここで，製造業（工業部門）と農業の賃金格差の縮小について説明する。

　タイ中央銀行作成の産業別賃金水準統計によれば，図6.2で表されるように，製造業(工業)の月平均賃金は2001年の6,164バーツから2010年に7,983バーツに上昇したのに対し，農業においては2,284バーツから4,199バーツへ上昇した。その結果，工業と農業における賃金格差は縮小しているのである。

　近年，農産物の価格上昇により農家の可処分所得は上昇している。このことが，賃金率格差は労働力移動に影響を及ぼすと考えるならば，都市部や製造業が地方・農村から労働力を引き付ける力が低下している。すなわち所得を増加させる目的でもある農村から都市部への出稼ぎ（季節）労働の根拠がなくなりつつあるのである。

　2011年10月24日においては，アユタヤからバンコクにかけて洪水被害が広がる中，最低賃金40%引上げが12年4月から実施された。国の中央賃金委員会は10月17日，最低賃金を全国一律40%引き上げると決定した。そして，バンコク首都圏など7都県の日額最低賃金は300バーツ（1バーツ＝約2.5円）となり，2012年4月1日から一部の地域において実施された[9]。インラッ

図6.2　平均賃金（バーツ）の変化

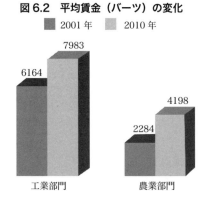

（出所：大和総研アジア事業開発本部，大和の事業投資シリーズ，「タイ，2012年」より著者作成。）

9）全国一律の最低賃金300バーツは，2013年1月1日から実施された。

ク政権の公約だった「全国一律，最低賃金300バーツに引き上げ」が一部達成されることになったのである。

上述したように，インラック首相が賃金格差を縮小するために最低賃金率を引き上げる政策によって，最低賃金300バーツが導入された場合に，競争的な労働市場においてどのような問題が発生するかについて，以下の節において考察する。

《$W_2 < W_1 <$ 最低賃金300バーツ　の場合》

この図6.3は，最低賃金を300バーツとした場合についての分析である。最低賃金300バーツの値が国内資本に雇用される労働者の賃金W_2よりも高く，外国資本に雇用される労働者の賃金W_1よりも高い場合について考える。すなわち，$W_2 < W_1 < 300$バーツ（最低賃金）の場合である。

この場合，外国の資本が経営する企業においても，タイの資本が経営する企業においてもこの賃金上昇の負担から利潤極大条件が変更されるために，生産

図6.3　最低賃金を300バーツに上げると大量の企業倒産と失業が発生すると考えられる（$W_2 < W_1 < 300$バーツの場合）

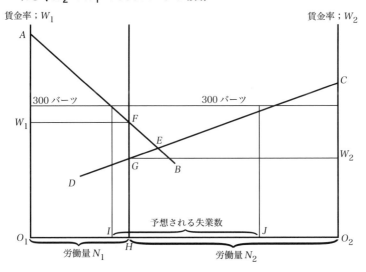

（出所：著者作成）

量と雇用量が減少して労働市場において失業が発生するのである。このときの失業者数は，図6.3のIJの幅になることが説明される。外国の資本が経営する企業において発生する失業はIHの幅で表され，タイの資本が経営する企業において発生する失業はHJの幅で表される。

《W_2 < 最低賃金 300 バーツ <W_1 の場合》

次に，図6.4においては，最低賃金を300バーツとなった場合に，その値が国内資本に雇用される労働者の賃金W_2よりも高く，外国資本に雇用される労働者の賃金W_1よりも低い場合である。すなわち，W_2<300バーツ（最低賃金）≦W_1の場合である。

また，外国の資本が経営する企業においては，賃金上昇の直接的影響はないために失業は発生しないと考えられる。しかし，タイ国内資本企業の賃金上昇に対応して賃金上昇の圧力が発生するために若干の賃金上昇は必要となると考えられるのである。すなわち，「最低賃金切上げ政策」の間接的な影響は外国

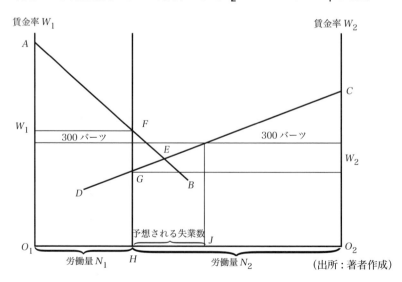

図6.4　最低賃金率を300バーツによって生ずる
企業負担は法人税減税等によって対応すべき（W_2<300バーツ<W_1の場合）

(出所：著者作成)

資本企業にも存在するのである。しかし，この最低賃金の切上げ政策の結果として海外から進出している外国資本の企業の撤退の可能性については，今後の賃金上昇の動向とタイ経済の成長の程度によって決定されると考えられるのである。

　タイの資本が経営する企業において，この最低賃金切上げを受け入れることは，利潤極大条件の変更であるために，最悪の場合は倒産の可能性があるのである。あるいは，生産量と雇用量の減少になる場合には失業が発生することが説明されるのである。このときの失業者数は，図 6.4 の HJ の幅になることが説明される。

　もし，政府が最低賃金切上げ以前の雇用水準を維持しようと考えるならば，この最低賃金切上げによって生ずる企業の負担を政府が支払賃金の補給や法人税の減税等によって対応すべきであると考えられる。

4. 結論的要約

　本章では，タイ経済の賃金格差問題についての解決策としてのインラック内閣の「最低賃金引上げ政策」の経済効果について考察を行った。

①　労働力不足問題とそれにともなう最低賃金切上げ政策が国内経済に及ぼす影響については，海外資本が経営する企業が雇用する労働者への賃金にも，若干の影響があることが説明された。しかし，タイ経済における最低賃金の切上げ政策の結果として海外から進出している企業の撤退の可能性については，今後の賃金上昇の動向によって決定されることが説明された。

②　国内の資本が経営する企業にとっては，最低賃金の切上げは大きな問題であり，国内企業にとっては，倒産の可能性もあること。あるいは，最低賃金の切上げを受け入れることによって，国内の失業問題が発生する可能性があることが説明された。

③　このような企業側の問題を前提とすると，インラック内閣の「最低賃金

引上げ政策」は，最終的に実行可能であるためには種々の問題が残っていることが説明された。

タイ経済における今日の問題としては以下のような要因が挙げられる。労働不足の問題，労働者の質の差異の問題，賃金上昇傾向，外国人労働者雇用における条件の厳しいレベルでの問題，が前提として存在し，最近では洪水による大きな影響もあるため，政府による特別の措置が施されない場合には，外国企業の撤退の可能性は高いと考えられる[10]。

上述した諸問題を解決するためには，より現実的な経済政策として，タイ経済にとって中心的な国際物流港湾であるレムチャバン港やアジア・ハイウェイ構想を活用した物流戦略などに対して積極的な経済政策を行うことによって進出企業の撤退を防ぐことができると考えられるのである。

5. 残された課題としての外国人労働受け入れ問題

本章において導かれたそれぞれの問題を解決するためには，以下のような政策課題があることが説明された。

タイ経済の賃金上昇対策としての外国人労働者雇用政策を行うならば，国内のタイ資本によって経営される企業による外国人労働者の雇用増加によって，タイ資本に雇われるタイ人労働者の賃金を下落させ，資本家の利潤を拡大して，タイ経済の負担を軽減させること。そして，外資資本によって経営される企業の労働者の雇用を比較手は安定的な賃金によって増加させることにより，賃金の上昇速度を減速させ，外資企業の海外への撤退についての予防政策となるとタイ政府は考えていると思われるのである。

しかし，外資企業の国外への流出を防ぐために，労働の質の差異や外国人雇用における条件などの諸問題から低賃金での外国人労働者の増加と最低賃金上昇の政策の実現は容易ではないと考えられる。

10）この問題については，第8章において考察する。

この「最低賃金引上げ政策」については，タイ政府は300バーツまで最低賃金を引き上げ，国内の賃金格差の是正を図ろうと考えていると思われる。そのために，タイ資本企業が雇用する外国人労働者の賃金を低い水準に抑えて，資本家の利潤を増加させることによって税収増加によって「最低賃金引上げ政策」による企業の負担軽減解決を考えていると思われるのである。

また，外国人労働者をタイ資本で雇用するときにタイ人労働者の賃金を下げなければ，タイ資本企業に雇われるタイ人労働者に失業が発生することが考えられるのである。このような失業問題を発生させないためには，「最低賃金引上げ政策」は，生産技術の進歩などの資本生産性の上昇や労働生産性の上昇がともなわなければ実現することは難しいと考えられるのである。もし，「最低賃金の上昇政策」を強行すれば，多くの企業，特に中小企業が倒産することが危惧されるのである[11]。

この外国人労働受け入れ問題については，次の第7章において考察を行う。

---

11) このことについては，各界の反応がすでに発表されている。

第7章　アジア・ハイウェイ構想とタイ経済

1.　問題の所在

　今日のタイ経済において労働市場の逼迫を反映して賃金率上昇が顕著になっている。しかし，同時にタイ経済内における賃金格差問題も顕著になっているのも現実である。このような賃金格差を是正するためにインラック首相[1]は2013年1月1日からタイ全国において「最低賃金切り上げ政策」を実施した。

　本章においては，タイの労働市場の賃金上昇に対する対策としての外国人労働者雇用の可能性についてアジア・ハイウェイ構想との関係から説明する。

　タイ政府は賃金率上昇対策として，アジア・ハイウェイ[2]を活用した国境地域への企業進出によって，次のような政策を計画した。①国境付近への企業進出により外国人労働者を低賃金で雇用する。②タイ国内資本によって経営される企業の労働者の賃金率を低く維持し，国内資本の利益を増大させ，企業の労働費用負担を減少させる。その結果により③国内の賃金率の上昇速度を減速させタイ国内に立地する外国資本企業の海外への撤退を予防することができると期待しているのである。

　このような，外国資本企業の国外への流出を防ぐための政策と同時に，国内の労働力の質の問題や労働の質の差異がもたらす経済的影響や賃金率格差問題

---

1)　2014年5月7日，タイ憲法裁判所が政権下で行われた国家安全保障会議事務局長の人事問題について，インラック及び関係する閣僚が憲法に違反して不当介入したと認定したために，インラックは首相の職を失うこととなった。

2)　アジア・ハイウェイは，国連アジア太平洋経済社会委員会 (ESCAP) を中心に、関係国32カ国の他、日本などの協力により，アジア諸国を幹線道路網によって有機的に結び，国内及び国際間の経済及び文化の交流や友好親善を図り，アジア諸国全体の平和的発展を促進させることを目的として構成されている。

について種々の対策が求められているのである。

　本章では，2011年9月に著者が行ったタイ政府においてのインタビューの内容を参考にして，タイ経済における問題とその対策について説明する[3]。

2.　東南アジアにおけるアジア・ハイウェイ構想

　アジア・ハイウェイは国連アジア太平洋経済社会委員会 (ESCAP) を中心に，関係国32カ国の他日本などの協力によりアジア諸国を幹線道路網によって有機的に結び，国内及び国際間の経済及び文化の交流や友好親善を図り，アジア諸国全体の平和的発展を促進させることを目的として構成されている。

　アジア通貨危機以後，タイ経済は次第に回復してきている。アジア・ハイウェイ構想において東南アジア地域は一体化する可能性が大きいと考えられているのである。この計画が実施されることにより，タイ経済はただの通過点になるのか，あるいは外国資本の留まる経済的中心地となるのか，タイ経済の将来を決める大きな分岐点となっているのである。

　現在ではアジア・ハイウェイ・プロジェクト参加国は，2003年11月に参加表明した日本も含めアジア地域の殆どの国である32カ国となり，総延長約142,000km の国際道路網が形成されている。

　自動車交通についてアジア全体の統合を念頭においたアジア・ハイウェイ構想が推進されており，2004年4月の国連アジア太平洋経済社会委員会で日本を含む政府間協定が締結された。この構想への参加によりアジア全域での国境通過の簡素化等によるシームレスな移動の実現に向けて日本も一定の貢献をしていくことが重要であると考えているのである。

　日本経済と東南アジアとの経済関係は重要である。特に日系の現地企業にとって，「チャイナ・プラス・ワン」の1つの地域としてタイを中心とした東南アジア地域は，重要な地域として評価されている。東側のベトナムからラオス・カ

---

3) インタビューを受けてくださったのは，Mr. Apiwat であり，所属は，Deouty Director General Office of Industrial, Economics, Ministry of Industry であった。

ンボジアを通過するタイへの東西回廊は，やがて西側のミャンマーへのルート開発とともにさらに重要な物流ルートとして位置づけられているのである。

本章では，東南アジア地域のアジア・ハイウェイ構想とタイ経済との関係について以下の問題点に留意して分析を行う。

《問題の所在》

アジア・ハイウェイ構想が実施されることによって，タイ経済に及ぼす影響について次の問題が挙げられる。
①労働力不足・賃金上昇の問題と，その対策として考えられる外国人労働者雇用問題。
②海外からの進出企業の国外への撤退の可能性についての問題。
③インラック元内閣の「最低賃金率引き上げ政策」の問題とその経済的影響。

3. タイ経済の課題

本章については，2011年9月に著者が行ったタイ政府関係者へのインタビューの内容を参考にしてタイ経済について考察する。

アジア・ハイウェイの東西回廊の1つは，タイ経済の中心であるバンコク近郊を通らないために，一見すると，タイ経済には良い影響が期待されないように見える。しかし，タイ政府はこれを利用して，①労働の質の差異の問題と農業・伝統的産業における賃金率上昇がもたらす労働者不足の解消と，②賃金率格差の是正，そして，③賃金率上昇の速度を落とす政策を考えていると思われるのである。

① 労働の質の差異と農業における賃金率上昇がもたらす労働者不足の解消

アジア・ハイウェイを利用して国境沿いに工業団地をつくり，タイ周辺国の低賃金の日帰りの外国人労働者を雇うことによって，労働の質の差異と農業における賃金率上昇がもたらす労働者不足を解消し，地域の発展を狙う政策を考

えていると思われる。

図 7.1 と図 7.2 は低賃金の外国人労働者を雇った場合の就業構造の変化とそれにともなうタイ経済の変化を表している。

ここで，最低賃金 300 バーツは，外国資本が経営する企業の賃金 W_1 よりは低く，国内資本が経営する企業の賃金 W_2 よりは高いケースとして考察する。すなわち，$W_2<300$ バーツ $<W_1$ のケースについて考察する。

《日帰り外国人労働者雇用》

図 7.1 は，低賃金の外国人労働者を雇った場合に，タイ資本の企業に雇われるタイ人の労働者の賃金率は下落する場合を説明している。

上記した労働者不足の解消について図 7.1 を用いて低賃金の外国人労働者を導入し，タイ資本企業のタイ人労働者の賃金率が最低賃金 300 バーツにもかかわらず，下落する場合について説明する。

図 7.1 における，外国人労働者の導入とは，アジア・ハイウェイが通過する国境付近の工業団地に日帰りの外国人労働者（ラオスやカンボジア，ミャンマー等）

図 7.1　外国人労働者を導入し，タイ資本企業の賃金率が下落する場合

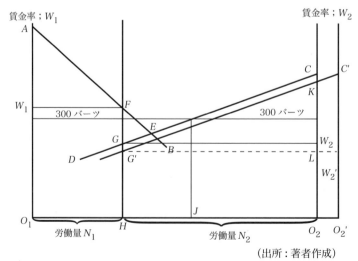

(出所：著者作成)

を導入して，タイ国内の生産量・雇用量を増加させた場合である。外国人労働者の導入による労働量の増加は O_2O_2' の幅で表される。このとき，外国人労働者の賃金率は W_2' の値であるとする。タイ資本が経営する企業に雇われる日帰りの外国人労働者導入によりタイ資本が経営する企業に雇われるタイの労働者の賃金率は W_2 から W_2' へと下落し，タイの資本家の企業の利潤は CGW_2 の面積から $C'G'W_2'$ の面積へと増加することがわかる。

すなわち，タイ資本が経営する企業に雇われる日帰りの外国人労働者導入によりタイの資本家の企業の利潤は四角形 $KLW_2'C'$ の面積の分だけ増加するのである。このとき，タイ国の資本が経営する企業に雇われる労働者の賃金所得は四角形 GHO_2W_2 の面積から四角形 $G'HO_2L$ の面積へと減少する。また，タイ国の資本が経営する企業に雇われる外国人労働者の賃金所得は四角形 $LO_2O_2'W_2'$ の面積で表される。

《最低賃金のもとでの日帰り外国人労働者雇用》

図7.2は，タイ人労働者は最低賃金が守られ，外国人労働者はそれ以下の賃金

図7.2 外国人労働者を導入し，タイ資本企業の賃金率が変化しない場合

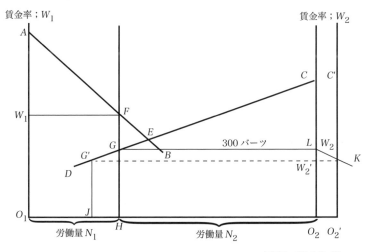

（出所：著者作成）

102

によって雇われる場合について考える。

外国人労働者の導入による労働量の増加は O_2O_2' の幅で表される。外国人労働者の賃金率は W_2' の値であるとする。このとき，タイ資本が経営する企業に雇われるタイの労働者の賃金率は W_2 のままであるとする。

ここで，LK 線はタイ国の資本が経営する企業に雇われている労働者の労働の価値限界生産性曲線の GG' の部分であり，賃金率は W_2 で決定されている。資本家の企業の利潤は三角形 $GG'I$ の面積だけ増加する。また，タイ資本企業に雇われるタイ人の賃金所得は不変であり，タイ資本企業に雇われる外国人の賃金所得は四角形 $IG'JH$ の面積で発生する。

このとき，タイ国の資本が経営する企業に雇われる労働者の賃金所得は変化せず四角形 GHO_2W_2 の面積で表される。タイ国の資本が経営する企業に雇われる外国人労働者の賃金所得は四角形 $G'JHI=W_2'O_2O_2'K$ の面積で表される。

《外国人労働者の導入の経済効果》

以上の図 7.1 と図 7.2 による考察から，外国人労働者の導入の結果，タイ国内の労働者不足は解消され，タイ資本の企業に雇われるタイ人の労働者の賃金率は不変であっても下落してもタイ資本家の企業の利潤は増加することが説明された。

外国人労働者の導入によってタイ人労働者の賃金率が下落すれば，その分タイの資本家の企業の利潤が増加し，賃金率は不変ならばタイ資本のタイ人労働者の賃金率と外国人労働者の賃金率の差の分のみがタイ資本家の企業の利潤増加分となるのである。このとき，タイ資本の企業に雇われるタイ人の労働者の賃金率の変化の有無に関わらず，タイ資本企業に雇われる外国人の導入により外国人の賃金所得は発生しているのである。また，タイ資本の企業が雇う外国人労働者が増加し，労働者が増加したにもかかわらず，タイ資本の企業が雇うタイ人の賃金率が変化しない場合は外国人所得の増加分に対応して，タイ人の失業が発生し所得の減少が発生すると考えられるのである。

《最低賃金率引き上げと外国人労働者の導入》

　最低賃金の上昇対策としての低賃金労働者不足の解消策として，タイ資本の企業に雇われる外国人労働者を雇用する生産を導入した場合には，タイ経済の就業構造の変化と所得配分の変化をもたらすことが図 7.3 によって説明される。

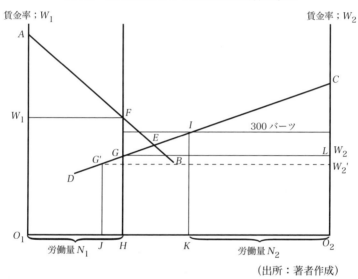

図 7.3　最低賃金のもとでの外国人労働者の導入

(出所：著者作成)

②　賃金率格差の是正

　インラック首相の政策である最低賃金率の引き上げ政策はタイ国内の賃金率格差の是正を目的としている。

　しかし，図 7.3 では，タイ資本の企業に雇われる外国人労働者を導入することにより，タイ資本の企業に雇われるタイ人の労働者の賃金率は W_2 に下落する場合を表している。また，図 7.3 において下落した賃金率を最低賃金まで引き上げる場合には雇用量が O_2H から O_2K に減少して HK の幅の失業が発生することを説明している。この低賃金による労働者不足を外国人労働者の雇用により補完することが説明されるのである。

③ 賃金率上昇の速度を落とすこと

インラック首相の政策である外資企業の流出を防ぐための政策は法人税の引き下げ以外に賃金率上昇の速度を落とす方法を考えている。

図7.4において，外資企業に雇われる国内労働者を HH' の幅だけ増加させることにより，外資企業の賃金率を W_1 から W_1' へ低下させることによって外国企業の海外撤退を阻止すること。そして，同時に，国内の資本が経営する企業の国内労働者の雇用量 O_2H' と最低賃金 $W_2 = '300$ バーツ（$>W_2$）の水準を維持しながら，国内の賃金上昇速度を落とすことが説明されるのである。

図7.4 賃金率上昇の速度を落とす政策

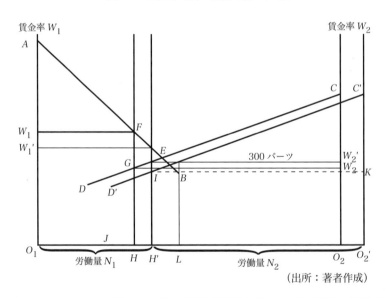

(出所：著者作成)

そのためには，タイ資本の企業の労働者不足を補うために外国人労働者の雇用を賃金 $O_2'K$ の水準で維持して，雇用量を $H'l = O_2O_2'$ の幅だけ増加することである。このような政策によって，タイ人労働者の賃金率の上昇を阻止することによって，外国企業と国内企業の利潤を増加させ，産業間の賃金格差・所得格差を是正するという政策である。このとき，タイ国内の雇用量は一定であり，労働所得は増加していることが説明される。

4. タイ政府の開発戦略

ここで，2011年9月に著者がタイ経済調査に行った際にタイ政府関係者[4]にインタビューした内容を基本にしてタイ経済について説明する。下記はインタビュー内容である。

『タイ王国は，近年経済成長が著しく，賃金上昇と物価上昇が続いている。
タイ政府は東南アジアの「アジア・ハイウェイ構想」の実現とともに，周辺経済の開発を先取りする形で，国境周辺のハイウェイ沿いに工場の移転を計画しているのである。国境周辺のハイウェイ沿いに工場を建設することによって，外国の国境を越えた日帰り労働者を低賃金外国労働者として雇用することによって，国内の労働力不足を解決して賃金上昇圧力を抑えることが可能となるのである。タイ国内の賃金率上昇を抑えることによって，タイ資本の利潤増加と成長を促し，同時に海外資本の流出を防ぎ，逆に国内への資本の流入を図ることが計画されているのである。同時にタイ国内の賃金率格差は若干是正されることになるのである。それによって賃金率格差を是正し，国内資本の利潤と資本蓄積を増加させ，海外からの資本流入を拡大する計画である。』

すなわち，タイ政府はアジア・ハイウェイを利用して①労働の質の差異の解決と農業・伝統的産業における賃金率上昇がもたらす労働者不足の解消と，②賃金率格差の是正，そして，③賃金率上昇の速度を落とす政策を考えていると思われる。

しかしながら，実際には外国人労働者を雇用するためには厳しい条件が設け

---

4) タイ王国のバンコクでタイ政府の方にインタビューした。インタビューに協力してくださった方は次のとおりである。名前 Mr.Apiwat，役職 Deputy Director General，役所 Office of Industrial Economics,Ministry of Industry である。

られており，雇用する企業は大企業に限られる可能性が高いため，以上で説明した政策の実現のためには外国人雇用条件の変更がない限り困難であると考えられる。また，外国資本に雇われる労働者の質は高く，タイ資本に雇われる労働者の質と外国人労働者の質との間にも相当の差異が存在することを考慮すると，容易に解決できる問題ではないと考えられるのである[5]。

5. タイ政府の開発戦略の対策と現状

タイ王国は近年経済成長が著しく，賃金上昇と物価上昇が続いている。この対策としてタイ政府は東南アジアの「アジア・ハイウェイ構想」の実現とともに，地域経済の開発を先取りする形で国境周辺のハイウェイ沿いに工場の移転を計画しているのである。

国境周辺のハイウェイ沿いに工場を建設することにより日帰り外国人労働者を雇用し，労働力不足を解決して賃金率格差を是正し国内資本の利潤と資本蓄積を増加させ，海外からの資本流入を拡大する計画である。

すなわち，周辺国の低賃金外国人労働者を雇用しタイ国内の労働力不足解消[6]と賃金上昇圧力の抑制が可能なのである。

賃金率上昇を抑えタイ資本の利潤増加と成長を促し，同時に海外資本の流出を防ぎ流入を図り同時にタイ国内の賃金率格差は若干是正されるのである。

---

5) 外国企業に対しても規制をしており 2010 年 10 月，BOI（投資委員会）では次の内容が説明である。
　①投資から 20 年以上が経過していること
　②資産総額が 100 億バーツ以上であること
　③総労働者数が 1 万人以上であること
　④免税恩典措置の期間が終了した製造業であること（農業，サービス業は対象外）
　⑤非熟練労働者の雇用数が新規雇用者の 15% 以下であること
　⑥ BOI への事前認可申請書を提出していること
　などを条件に，外国人非熟練労働者の雇用を認めると発表した。
6) タイ資本企業が外国人労働者を低賃金で雇うことにより近年低失業率（2011 年 3 月の失業率 0.7%）であるタイの労働力不足は解消できるとタイ政府は考えていると思われる。

実際は外国人雇用には厳しい条件が設けられ雇用可能企業は大企業と限られるため実現するには条件の変更がない限り困難である。外資労働者の質は高くタイ資本企業の労働者と外国人労働者と質が異なることを考慮すると容易に解決できるものではない[7]。

6. 分析結果

本章では，アジア・ハイウェイ構想実施にともなうタイ経済について次の内容を分析した。

①労働力不足問題とそれにともなう賃金率上昇についての問題と，その対策として考えられる外国人労働者雇用問題。

②海外からの進出企業の撤退の可能性についての問題。

③インラック内閣の「最低賃金率引上げ政策」の実現可能性の問題。

以上の問題についてアジア・ハイウェイ構想との関係から以下のような結論が説明される。

タイ経済の賃金率上昇については，外国人労働者雇用により資本家の利潤を拡大してタイ経済の負担を減少させ，外資企業の労働者の増加による賃金率の上昇速度を減速させる可能性が外資企業の海外への撤退予防ができるとタイ政府は考えていると思われる。

しかし，労働の質の差異や外国人雇用における厳しい条件などの問題から外国人労働者の増加と賃金率上昇政策による経済安定は容易ではないと考えられる。

---

7) 外国企業に対しても規制をしており 2010 年 10 月，BOI では以下を条件に，外国人非熟練労働者の雇用を認めると発表した。
① 投資から 20 年以上が経過していること
② 資産総額が 100 億バーツ以上であること
③ 総労働者数が 1 万人以上であること
④ 免税恩典措置の期間が終了した製造業であること（農業，サービス業は対象外）
⑤ 非熟練労働者の雇用数が新規雇用者の 15％以下であること
⑥ BOI への事前認可申請書を提出していること

最低賃金率引上げ政策でタイ政府は賃金率格差の是正を図ろうと考えているが，最低賃金率の引き上げの負担を軽減できるほどの財源を獲得することは困難であると考えられる。

また，タイ資本企業が外国人労働者の雇用時にタイ人労働者の賃金率を下げなければ，タイ資本企業のタイ人労働者の失業率の上昇が考えられる。したがって，最低賃金率の引上げは生産技術進歩や労働生産性の上昇がともなわなければタイ経済の安定は難しいと考える。近年の洪水被害の影響も残るなか，最低賃金率の引上げを強行し続ければ中小企業，特にタイ資本企業の倒産や外資企業の負担の増大等への不満拡大が危惧される。

タイ経済の労働市場の逼迫による賃金率上昇の問題も，日系の現地法人を中心とした海外からの進出企業にとって重要な課題となりつつあるのである。このような労働雇用問題の解決策として，タイ周辺のより低賃金地域への各国企業の進出が大きなテーマとなっている。このような海外企業の動向にとって，東南アジアにおけるアジア・ハイウェイ構想は各々の工場の再配置と SCM の最適化にとって重要な役割を果たすことが期待されているのである。

外資企業はアジア・ハイウェイ構想にともなう経済効果に魅力があるため，洪水被害があったにもかかわらず撤退しなかった今，上述した問題による撤退の可能性は低いと考える。しかし，これからの外資企業の撤退の可能性が発生しないためにも，現実的な経済政策やタイの中心的な物流港であるレムチャバン港やアジア・ハイウェイ構想を利用した物流戦略等の経済政策の実施により，タイ経済全体の活性化と安定化，外資企業の誘因条件のさらなる改善が必要であると考える。

付論 1 不均衡経済理論としての有効需要理論とアダム・スミスの分業 [1]

1. 序

　今日ケインズ経済学は不均衡経済学領域に属していると考えられている。不均衡経済学とはワルラス的な意味での一般均衡体系として定義できないという意味である。すなわち，不均衡とは，ワルラス的均衡状態ではない経済状態であると考えるのである。本章においては，根岸隆（参考文献 3）に従って，不均衡経済理論は経済学の創始者といわれる「アダム・スミスの分業の理論」が誕生したそのときから存在し，それはケインズ的均衡へと結びつくと考える。すなわち，「アダム・スミスの分業の理論」が「ケインズの有効需要の理論」の先駆であることを説明するのである。「アダム・スミスの分業の理論」は，実質経済の本質でもある経済構造を構築する市場構造，産業構造との関係と深く関係があり，その関係が需要規模にもたらす影響について分析するのである。また，資源の効率的配分などに直面した企業が行う分業の状態が作り出す市場変化によってもたらされる経済構造の変化について議論する。

　第 2 節においては，「ケインズの有効需要の理論」を説明することによってアダム・スミスの経済学から不均衡経済学が導かれることを根岸隆（参考文献 3）に沿って説明する。また，この議論の過程において「ケインズの有効需要の理論」と「アダム・スミスの分業」との関係を説明する。第 3 節においては，「アダ

---

1) 本論は，Adam Smith の著書である *An Inquiry into the Nature and Causes of the Wealth of Nations*,（邦訳，『諸国民の富の性質と原因の研究』）について根岸隆教授によって長年研究されてきた議論についての考察である。

ム・スミスの分業」の種類とその構造について説明し，また分業の進展がもた
らす産業構造や市場構造の変化とそれゆえに需要の大きさの変化について説明
する。第4節においては，「アダム・スミスの分業の理論」と「ケインズ的均衡」
の関係を説明することにより，ケインズ的総需要曲線を導出し，また，ケイン
ズ的均衡が見出されることを説明する。

2. ケインズの有効需要の理論と分業

ケインズが著書『雇用，利子および貨幣の一般理論』（参考文献 10, 15, 16）
で説明した「有効需要の原理」とは，不均衡経済学であるということを考察す
る。この不均衡経済学としての「有効需要の理論」はアダム・スミスの経済学
の中にその不均衡経済学の芽生えがあると根岸隆教授（参考文献3）は指摘し
ているのである。

2.1 ケインズの有効需要の理論

ケインズは『雇用，利子および貨幣の一般理論』の有効需要の原理の説明の
なかで，次のように定義している。

「総需要関数と総供給関数の交点における D の値を有効需要と呼ぶことに
する」（参考文献2, p.37）

図 A1.1 は有効需要の決定について表したものである。

ここで，有効需要の決定については，次のような問題があるのである。

「ケインズは有効需要の値を両関数の交点であるからどちらも同じ値をと
るにも関わらず，あえて総供給関数の値ではなく総需要関数の値，すなわ
ち，D の値として定義していることに注意しなければならない」（参考文
献9, p.3）

2.2 有効需要の決定と安定性

有効需要の大きさは，市場の状態，産業の状態などが一定不変のもとで，ま

付論 1　不均衡経済理論としての有効需要理論とアダム・スミスの分業　*111*

図 A1.1　有効需要の決定

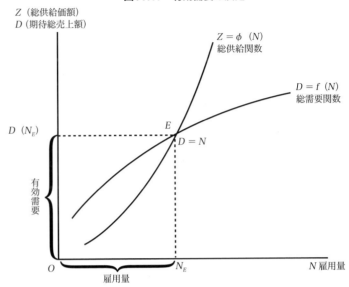

た，生産技術，資源，費用条件および雇用一単位当たりの要素費用が一定の状態において，企業家の主体的均衡としての「総供給関数と総需要関数とが交叉する点」における総需要関数の値として決定されるとケインズは説明している。すなわち，図 A1.1 の点 E が有効需要点であり，この E 点における総需要関数の値が有効需要の大きさを表しており，そのときの雇用量がケインズ的意味での均衡雇用量 N_E である。すなわち，有効需要の理論をケインズ的な意味で企業家の主体的均衡として考えると，次のように説明できるのである。

【企業家の主体的均衡条件】　$Z = D$　　　　　　　　　　　　(A1.1)

【企業家の費用維持；供給関数】　$Z = \phi(N)$　　　　　　　(A1.2)

(A1.2) 式において，次の (A1.3) 式のような関係が導かれる。この式は一階条件が正であること，(A1.4) 式は 2 階条件が正であることを表している。

　　　$\phi'(N) > 0$　　　　　　　　　　　　　　　　　　　(A1.3)

　　　$\phi''(N) > 0$　　　　　　　　　　　　　　　　　　　(A1.4)

【企業家の需要期待；需要関数】　$D = f(N)$　　　　　　　(A1.5)

ここで，（A1.2）式と（A1.5）式を（A1.1）式に代入すると企業家の主体的均衡条件としてのケインズ的な意味で均衡雇用量が次の（A1.6）式のように決定されるのである。

【ケインズ的均衡】　$\phi\,(NE) = f\,(NE)$　　　　　　　　　　（A1.6）

ここで，ケインズは有効需要の値を，両関数の交点であるからどちらも同じ値をとるはずであるにもかかわらず，あえて総供給関数の値ではなく総需要関数の値，すなわち，D の値として定義していることに注意しなければならない。ケインズは，総需要関数の方が総供給関数よりも安定的であると考えていることと，また，実現する利益は，有効需要によって決定された需要量＝期待売上額の値から生産活動のための雇用条件や生産条件等を考慮した費用を差し引いた残余であるからである。

このようにして決定される短期経済における「有効需要」の大きさと「ケインズ的均衡雇用量」の値は安定的に一定の値で決定される。なぜならば，いま企業家が雇用水準 N を決定された有効需要の大きさよりも増加させようとするならば消費水準 D_1 も増加するであろう。しかし，限界消費性向は 1 よりも小さいために，消費水準の減少は総供給額 Z の減少ほどには小さくならないことが分かっている。このことから雇用水準（＝期待売上額）の減少は総供給額(＝生産費用額)の減少よりも大きいために企業の利潤の減少を意味している。このため有効需要が一定不変の状態では企業家は雇用水準を減少させるような選択をしないことが説明されるのである。（参考文献 9，pp.7-8）

2.3　不均衡経済理論の必要性

以下においては，有効需要の決定に関する上記のような問題に対する答えとして，不均衡経済理論が必要となることを説明する。

根岸隆教授（参考文献3）は，「アダム・スミスの分業」と産業構造や市場構造の変化の過程とその結果がもたらす市場的構造の変化の結果とともに「ケインズの有効需要の理論」を説明することが可能となると議論する。

根岸隆教授（参考文献3）の説明する「アダム・スミスの分業の理論」にお

いては，需要がある限り分業によってより生産規模は拡大され，生産規模は需要の不足によって制約されることが説明される。また，分業する企業の方が分業しない企業よりも，一定期間において，より多く，それ故に，より安く生産することが可能であるため（費用逓減），分業しない企業よりも市場に生き残れることが説明されるのである。すなわち，アダム・スミスのいう真の意味での分業の理論は，需要の不足により生産規模は制限されるということを説明しているのである。

3. 分業の二つの異なった種類

　経済構造の変化は一般市場規模の拡大と分業において変化すると考えられる。経済構造は産業構造と市場構造に分類される。根岸隆教授は，企業と産業の構造において，次のように説明している。

　　「アダム・スミスのいう分業は，市場の範囲により制約されるのであるが，
　　企業および産業の構造におけるそのような変化を引き起こす」(参考文献3,
　　p.3)

　すなわち，分業は市場規模により制約されるのである。ここで，市場規模は何によって決定されるのかという問題については，市場規模の拡大または縮小は生産量によって決定されるのである。

　本章においては，企業，産業の構造の変化・システムの変化によって，分業の役割と市場規模との関係において分析する。ここで，根岸隆教授は，経済構造の変化について次のように定義する。

　　「構造的変化とは，組織の主要部分間の相対的重要度の変化のことである」
　　(参考文献3, p.3)

　すなわち，構造的変化とは，就業構造の変化と産業間の資源配置の変化のことである。また，市場構造の変化についても考慮しなければならない。市場構造の変化とは嗜好の変化と所得分配の状態の変化として表される。

《第一の分業と第二の分業》

　また，アダム・スミスは，分業を第一の分業と第二の分業の2種類に分ける。

　第一の分業とは，1つの製品を生産する場合の異なった作業過程の分割に関するものである。1つの製品を作り上げるための生産作業の分割をし，そしてその分業のレベルは企業，または，工場の製品に対する需要の大きさによって制約されるのである。根岸隆教授は第一の分業についてアダム・スミスの著書である『国富論』の次の説明を引用文として記述している。

　　「ピンの大きさ製作の場合；この仕事の訓練を受けておらず，またそこで使用される道具の使い方に精通していない一人の職人なら，たぶん，いくら頑張ってみても一日に一本のピンを作るのがやっとであろう。ましてや，二十本も作ることはとうていできないことであろう。しかし最近のこの仕事のやり方では，この仕事全体が一つの独自の職種であるだけでなく，それはいくつもの部分に分割され，その大部分がまた一つの独自の職種なのである。一人が針金を引き伸ばし，別の一人がそれを真っすぐにし，三人目がそれを切り，四人目が先を尖らせ，五人目が先端を削って頭が付くようにする。頭を作るには二つまたは三つの別々の作業が必要であり，頭をつけるのも一つの作業だし，ピンを白く磨くのも別の作業である。ピンを紙に包むことでさえ，それは別の作業である。このようにして，ピンを作るという仕事がおよそ十八ほどの作業に分かれている。十八の作業のすべてにそれぞれ別の人を割り当てている作業場もあるし，一人がときには二つか三つの作業をしている場合もある。私はこの種の小さな作業所を見たことがあるが，そこでは十人だけが働いていた……この十人で一日に四万八千本以上を製造できる。だから，一人当たりにすれば，一日に四千八百本以上製造することになる」(Smith,1776,pp.14-15)」(参考文献3, p.4)

と第一の分業の特徴である作業の細分化について具体的例を用いて説明している。

　第二の分業は，同じ産業内における企業間の分業ないし企業の専門化に関するものである。同産業において，企業の分業または企業を専門化とすることを

分業の中身とし，産業全体に対する需要の大きさによって制約されるのである。根岸隆教授はアダム・スミスの『国富論』を説明に取り上げ，第二の特徴である産業（企業）の分業について次のように説明している。すなわち，専門化について具体的例を用いて説明しているのである。

　「釘を作ることには慣れてはいるが，それを主な仕事にはしてなかった鍛冶屋の場合に，一生懸命働いても，一日に八百本から一千本をこえる釘を作ることはまずできない。釘作り以外の仕事をしたことのない二十歳にもならない数人の少年を見たことがあるが彼等が努力すると，一人当たり一日に二千三百本以上の釘を作ることができたのであった (Smith,1776,p.18)」(参考文献3, pp.4-5)

図A1.2は，アダム・スミスの説明する分業を表している。すなわち，分業とは，第一の分業と第二の分業とに分類することができることを示した図である。

図A1.2　アダム・スミスの分業

第一の分業と第二の分業

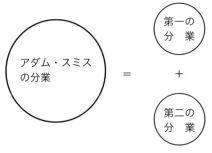

　第一の分業について，ピン製造業の場合は，たとえば作業の分業化の場合であり，「素人の職員ならピンを1日1本作るのがやっとである」場合には，仕事全体が1つの独自の職種であり，また，いくつもの部分に分けられる。その大部分がまた1つの独自の職種であるとき，ピンを作るという仕事がおよそ18ほどの作業に分かれているとすると，各々の作業に分かれて10人で1日に4万8,000本以上製造でき，1人当たり，1日に4,800本ピンを製造することになる。すなわち，第一の分業は作業の分業化をすることにより，生産

性を上昇させることができるのである。第一の分業は次の図 A1.3 のように表すことができる。

図 A1.3　第一の分業　仕事全体（独自の職種）

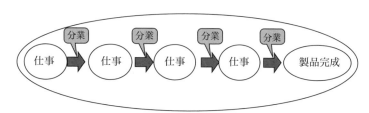

　第二の分業の場合について，釘の製造の場合は，例えば「釘を作ることに慣れているが主な仕事とはしていない鍛冶屋の場合」には，「一生懸命働いても釘を一日 800 〜 1000 本製造」しかできないが，「釘作り以外の仕事をしたことがない若者の場合」には「一人当たり釘を 1 日に 200 〜 300 本製造」が可能であるという場合である。すなわち，一つの仕事にだけ集中させるように専門化することにより，生産性の上昇をはかることができるのである。

《第一種の分業》
　同質的な製品を生産している産業における 1 つの代表的な企業についての考察において，製品を生産するのには労働のみが必要であると想定するとする。企業者は生産過程を多くの作業に分割し，1 人の労働者が少数の仕事に専念することが可能となる。
　いま，m を雇用することができる総労働者数とし，$a(m)$ を平均労働生産性とする。「企業者は労働平均生産性を最大化するように分業の程度（1 人の労働者に割り当てられる作業の数）を決定する。」ため次のことが言える。
　「平均労働生産性 a は総労働者数 m の増加関数であり，$a'(m) > 0$ である」。この関係は，次の図 A1.4 と図 A1.5 のように表すことができる。
　図 A1.4 において，横軸に m（総労働者数）をとり，縦軸に a（平均労働生産性）をとる。m；総労働者数が増加すればするほど，a；平均労働生産性は増加す

付論1 不均衡経済理論としての有効需要理論とアダム・スミスの分業　117

ることが説明される。しかし、ある一程度の総労働者数に達すると平均労働生産性の増加率は減少してくることに注意しなければならない。その原因については、ワルラス的見解とスラッファ的見解の2つの見解について後に分析する。

図A1.5において横軸に m（総労働者数）をとり、縦軸に x（企業の産出水準）をとると、a（平均労働生産性）は m（総労働者数）の増加関数（$a'(m) > 0$）であることを表している。

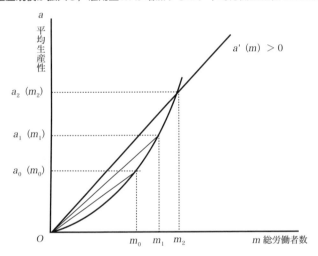

図A1.4　$a'(m) > 0$
生産規模が拡大し、雇用量 m が増加すると、平均労働生産性 a は上昇する

このとき、それぞれの生産規模に応じて、平均労働生産性 $a\ (=\dfrac{x}{m})$ は原点からの直線の傾きで表される。ワルラス的な経済学においては、分母の総労働者数 m が m_1, m_2, m_3 と増加すればするほど、平均労働生産性 a は低下することが前提とされている。しかし、アダム・スミスの分業による生産性上昇を前提とすると、分業を行うことにより生産効率が上昇し、生産規模の増加に応じて、総労働者数 m が m_1, m_2, m_3 と増加すればするほど平均労働生産性 a は、a_1, a_2, a_3 と上昇することが説明されるのである。

また、労働の限界生産性は、$\dfrac{dx}{dm}$ で表され、総労働者数 m が m_1, m_2, m_3 と増加すればするほど、労働の限界生産性は上昇していくことが説明され

るのである。

企業の産出水準は，次の（A1.7）式のように決定される。

$$x = a(m) \cdot m \tag{A1.7}$$

この（A1.7）式を m で微分すると労働の限界生産性は，次の（A1.8）式のように導出される。

$$\frac{dx}{dm} = \frac{d(a(m) \cdot m)}{dm} = a(m) + m\frac{da(m)}{dm} = a(m) + ma' \tag{A1.8}$$

ここで，$\frac{da(m)}{dm} = a'$ と表している。

すなわち，限界必要労働量は，次の（A1.9）式で表されるのである。

$$\frac{dm}{dx} = \frac{1}{a + a'm} \tag{A1.9}$$

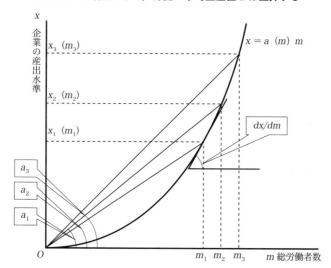

図A1.5　$a'(m) > 0$
雇用量 m が増加すると，労働の平均生産性 a は上昇する

《生産の平均費用》

ここで，w を所与の賃金率とすると生産の平均費用は，次の（A1.10）式のように表される。

付論1　不均衡経済理論としての有効需要理論とアダム・スミスの分業　119

$$w\frac{m}{x} = \frac{wm}{a(m)m} = \frac{w}{a(m)} \tag{A1.10}$$

この生産の平均費用を表す (A1.10) 式を生産量 x に関して微分して，(A1.9) 式を代入すると，平均費用は次第に低下することが説明されるのである。

$$\frac{d\left(\frac{wm}{x}\right)}{ax} = \frac{1}{x}\frac{d\ (wm)}{dx} - \frac{wm}{x^2} = \frac{w}{x}\frac{dm}{dx} - \frac{wm}{x^2} = \frac{w}{x}\left(\frac{1}{a+a'm} - \frac{1}{a}\right)$$

$$= \frac{w}{x}\left(\frac{a-a-a'm}{a\ (a+a'm)}\right) = \frac{-a'w}{a^2\ (a+a'm)} < 0$$

生産規模の増加に従って平均費用が次第に低下することは，次の図 A1.6 によって図示することができる。図 A1.6 において，横軸に企業の産出水準 x をとり，縦軸に生産の平均費用 $\frac{wm}{x}$ をとる。企業の産出水準 x が上昇すればするほど生産の平均費用 $\frac{wm}{x}$ は減少していくことが説明される。すなわち，この産業・企業は費用逓減産業であることを表したものである。

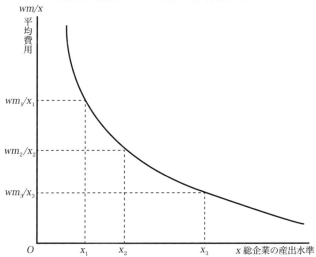

図 A1.6　費用低減産業
生産量が増加すると、生産の平均費用は低下する

以上の説明から，生産量の増加に従って分業が進むと，企業の平均生産費用は産出量水準が増大すると減少することが導出される。

《収穫逓増と独占》

しかし，根岸隆教授は，分業により引き起こされる費用逓減は，ついには企業の独占に至る可能性について言及している。

「企業内の分業に関して，現代の経済理論家によるスミスの評価は高くない」（参考文献3, p.6）

根岸隆教授の見解によると，分業から独占に至るまでにおいて

「アダム・スミスはこの競争と収穫逓増の間の非両立性について悩むところがない」（参考文献3, p.6）

と説明しており，さらに，

「しかし，このような評価は伝統的な一般均衡理論におけるワルラス的な見解に基づくものである。」（参考文献3, p.6）

と批判している。

ここで，ワルラス的な見解とは，

「企業は所与の不変の市場価格でどのような産出量でも販売できるため，企業の生産規模は逓増する生産費用によって制限されなければならない」（参考文献1, p.6）

という見解である。すなわち，生産費用によって市場が制限されるという見解である。

根岸隆教授によると，

「より最近の競争に関する見解，つまり，スラッファ的な見解によると，企業の生産規模は費用によってではなく，需要の不足によって制約されるので，スミスはより高く評価されなければならない。」（参考文献3, p.6）

という見解である。

根岸隆教授（参考文献3）のこのような説明は，企業の生産規模は生産費用によってではなく，需要の不足によって制約されるという見解である。したがっ

付論 1 不均衡経済理論としての有効需要理論とアダム・スミスの分業 *121*

て，産業に対する需要の増加は新規企業の参入を招き，各企業の生産規模を拡大させ，企業の構造においては企業内分業の構造を変化させ，生産費と生産物価格を引き下げるということである。

4. アダム・スミスの分業とケインズ

アダム・スミスの分業の理論において，需要がある限り分業によって生産規模はより拡大される。すなわち，生産規模は需要の不足によって制約されるのである。分業を実行する企業の方がより安く生産できるため（費用逓減），分業を実行しない企業よりも市場に生き残れることが説明されるのである。

すなわち，アダム・スミスのいう真の意味での理論は，需要の不足により生産規模は制限されるという経済学である。

それに対し，ワルラスの一般均衡理論においては，生産物の価格は市場価格によって決定されるため費用逓増産業であり，生産規模は生産費用によって制限されるのである。

4.1 アダム・スミスの分業の理論と需要曲線

ケインズは総需要関数を次のように定義している。N は雇用量を表すとする。D は企業者が N 人の雇用から得られると期待する売上収入を表すとする。D と N の関係により次の総需要関数の定義式を表すことができる。

$$D = f(N) \tag{A1.5}$$

この総需要関数は，次の図 A1.7 のように表される。

雇用量 N が増加すればするほど，国民所得の増加によって消費が増加すると企業が期待すると考えられることを反映して期待する総売上額 D は増加するが，雇用量の増加の割合に対する需要の増加の割合は（増加率）は，次第に減少すること（限界消費性向低減）が説明される。

ここで，ケインズ的な総需要関数は，企業の分業の程度と関係があることを説明する。すなわち，企業が企業内で分業を行い，産業内でも分業を行うことによっ

て，費用逓減産業へと変化し，それに対する市場の変化によって投資が誘発されることによって需要曲線は右上がりに導出されるのである。このときの生産規模は需要不足に直面することによって制限されることが説明されるのである。

しかし，ワルラス的な一般均衡理論において総需要を考察する場合には，生産物の価格は市場均衡によって均衡価格として決定されるために費用逓増産業へと変化するのである。このとき，生産規模は生産費用によって制限されること（限界費用＝市場価格）が説明されるのである。

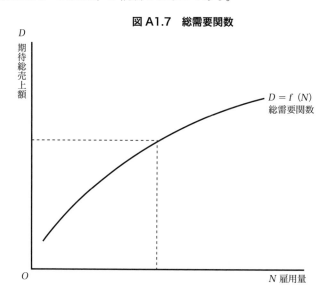

図A1.7　総需要関数

根岸隆教授は，「スミスの分業と市場の広さに関する有名な命題もまた，多くの経済学者によって規模に関する収穫逓増のことと解されてはいるが，実は不均衡理論としてのみ完全に論証し得ることを主張する。我々の目的は，大きな市場においてより発生しやすい超過供給の存在が分業を促進するものであることを主張することである。」(参考文献5, p.171) と説明している[2]。

---

[2] この箇所は，次の論文の第4節の要約として説明されている。Adam Smith and disequilibrium economic theory, "The Adam Smith Review",1, 2004.pp.30-39.

4.2 アダム・スミスとケインズ均衡

　この節においては,「アダム・スミスの分業の理論」の中に「ケインズ的均衡」
を見出す過程を説明する。

　アダム・スミスは分業を第一の分業と第二の分業に分ける。第一の分業は「一
つの製品を生産する場合の異なった作業の分割」に関するもの,第二の分業は
「同じ産業内における企業間の分業ないし企業の専門化」に関するものである
と「アダム・スミスの分業」を根岸隆教授は説明している(参考文献3, pp.3-
4)。

　すなわち,第一の分業は,単一の企業内での分業であり,競争的産業に関す
る均衡理論により分析することが可能であるということである。企業内で経営
者が資本を企業の利益極大化を目的として計画することである。しかし,第二
の分業は競争的産業における多くの異なった独立の企業によって非組織的に行
われるものである。したがって,第二の分業は不均衡理論により分析すること
が必要であると考えられるのである。企業外の分業であり,ある企業が外部発
注・委託することで生産することがこれにあたる。

　根岸隆教授(参考文献3)の説明するアダム・スミスは,「分業は市場規模に
より制約される」という議論の過程において行きつく均衡においては,新古典
派経済学派の分析方法の表現での「長期均衡状態」に見られ,それゆえに,ケ
インズ経済学の可能性を否定する危険性がある。ここで,ケインズ経済学派の
分析方法を用いて真の意味でのアダム・スミスの理論を説明する。

　市場規模によって制約される分業に関して,根岸隆教授(参考文献3)の説
明するアダム・スミスの理論においては,市場の需要規模が拡大することによっ
て分業の程度が進化し,それによって生産性が上昇し,生産量が増加する。生
産規模と分業の程度は需要の大きさによって制約されることが説明されるので
ある。

　ある産業について,企業内で分業が行われ,同時に,産業内においても分業
が行われることにより,費用逓減産業へと変化し,それに対する市場の変化(投
資)により需要曲線が導出されるのである。この需要曲線はケインズの有効需

要の原理において重要な位置づけにある総需要曲線へと繋がるのである。この
プロセスにおけるアダム・スミスの分業がもたらす均衡点は，『新古典派経済
学派の分析方法の表現「長期的均衡」ではない。しかも，新古典派経済学派の
見解に見出すことのできる『ケインズ経済学派の分析方法「短期的均衡」』で
もないのである。

5.「長期的」と「短期的」

　限りない無限の連続性を持つ経済を「経済学」に収めるときに，ケインズの
分析の仕方に「長期的」，「短期的」といった，経済の連続性を分断する分析方
法は存在しないと根岸隆教授(参考文献1)は説明する。したがって，最初に『「ケ
インズ経済学派の分析方法は「短期的」のみ』という全体的誤解を解かなけ
ればならないのである。

　杉本栄一氏は著書『近代経済学の解明（下）』（参考文献2）の中の「Ⅱケイ
ンズの『古典派』批判」の章で，ケインズの分析方法を次のように説明している。

　　「ケインズの考え方は，ケムブリッジ学派の経済学の拡張的発展であった，
　といってもよいでしょう。ケムブリッジ学派の経済学は単に完全雇用の状態
　だけを取り扱うことができただけなのに，ケインズの経済学は完全雇用の状
　態を特殊の場合として含む一般的な場合，すなわち不完全雇用状態の系列全
　体，およびその極限としての完全雇用の状態をも，同時に説明することので
　きる，一般的な理論である，というのです。

　　いな，われわれは，次の如くにさえいうことができましょう。ケインズ学
　派のその後の発展は，——それについては，後説に詳しく説明したいと思い
　ますが——2つの線において行われています。その第一は，ケインズ学説の
　動態化ということであります。ケインズの経済学は技術の一定を前提として
　いるという意味で，静態的であります。フリッシュの言葉をもっていうなら
　ば，『巨視的静態論』であります。この巨視的静態論的なケインズ経済学を
　動態化するというのが，ケインズ経済学のその後の発展方向の一つでありま

す。第二の発展方向は，短期沈滞理論としてのケインズ理論を長期沈滞理論として長期化することです。このようなケインズ学派の最近の発展傾向としての，動態化および長期化という視角から，ケムブリッジ学派の経済学をみるならば，それは実はマーシャル以来思考としてねらってきたところであって，ケムブリッジ学派の経済学はすでに説明してきたように，本来動態的な問題を取り扱ってきており，かつ長期の問題こそその最終のねらいであったのであります。したがって，そういう意味では，いわゆる『ケインズ革命』の最近の方向は，ケインズを通ってもう一度ケムブリッジ学派の本来の問題に返った，とさえいうことができるでしょう。

　われわれはこのように，ケインズのいわゆる古典学派への叛逆を，解釈したいと思います。」(参考文献 2; 杉本栄一著，『近代経済学の解明（下）』，岩波文庫，2006 年，pp.99-100)

このように，現在のケインズの分析方法の解釈の仕方は「ケムブリッジ学派」などによって「ケインズ学派のその後の発展」というかたちでケインズの分析方法を予想しているだけであって，ケインズはあくまでも「経済学は技術の一定を前提としている」のであり「短期的」，「長期的」などと区別して分析していないのである。また，そのことを「静態的」として取り上げ，さらには，「短期沈滞理論としてのケインズ理論を長期沈滞理論として長期化する」とし，また，「ケインズ学派の最近の発展傾向としての，動態化および長期化という視角」から，「長期の問題こそその最終のねらいであった」とすることで，ケインズの経済分析に「短期的」，「長期的」といった分析方法における固定概念を植え付けてきたと考えられるのである。

ケインズは『近代経済学の解明（下）』でいう「長期的」な分析方法については，「静態的」，「動態的」どちらの特徴においても考慮した上で分析しており，『雇用，利子，および貨幣の一般理論』の十二章「長期期待の状態」においても，次のように説明している。

　「後者は心理的期待の状態を表しており，それらを一括して長期期待の状態と呼ぶのもよかろう」（ケインズ『雇用，利子，および貨幣の一般理論』岩

波文庫, pp.202-203)

　このように, 「長期的」「短期的」などといって分断することに重きを置いていないのである。また, ケインズは, 次のように説明している。

　　「期待を形成するさいにたいそう不確実な事柄に重きをおき過ぎるのは愚かなことである。」(参考文献2, p.203)

　　「意思決定の基礎となる長期期待の状態はわれわれのなしうる最も蓋然性の高い予測にのみ依存するのではないということである。それはまたこの予測を形成するさいの確信, すなわち, 最善の予測と思われていたものが全くの誤りに帰すかもしれないという可能性をわれわれがどの程度に評価しているかということにも依存している。大きな変化が期待されるが, これらの変化が正確にはどのような形をとるか, きわめて不確実であるなら, われわれの確信は弱まることになろう。」(参考文献2, p.204)

と, 新古典派経済学派のいう「長期的」に重きを置くことは, 分析の根底を揺るがす危険性があることを「確率論」(第6章「推論の重み (The Weight of Arguments)」)を根拠に説明している。ここで, 一般的に使われている, 「短期的」とは, 例えば企業に投資を行ったときに利益が出るまでの期間のことをいう。「長期的」とは, 例えば企業に投資を行ったときに利益が出た以降の期間のことをいう。

　アダム・スミスの理論を用いた分業のプロセスにおいて, 市場規模の変化が投資規模と需要にもたらす影響についても注意しなければならない。このなかで, 上述した『「ケインズ経済学派の分析方法は「短期的」のみ」』という一般的にいう「長期的」要素の欠落の誤解も解く。

　ケインズは長期期待の状態について書いた『雇用, 利子, および貨幣の一般理論』の第十二章において次のように説明している。

　　「投資規模は利子率と当期の投資規模を変えていったときの資本の限界効率表との関係に依存し, 資本の限界効率はといえば資本資産の供給価格とその期待収益との関係に依存することを見てきた。本章では, 資産の期待収益を決定する諸要因のいくつかを, もう少し詳しく考えてみることにし

付論 1　不均衡経済理論としての有効需要理論とアダム・スミスの分業　*127*

たい。

　将来の収益を予測するさい，予測の基礎となる事柄として，一つに，事実上既知と見なしてもかまわない現在の事実があり，そして一つに，多かれ少なかれ確信をもって予測するほかない将来の出来事がある。前者としては，さまざまな型の資本資産の現存ストックと資本資産一般の現存ストック，それに，効率的な生産のためには資本の助力を相対的に多めに必要とするような財に対して，消費者の現在の需要がどの程度あるかという，その強度などを挙げることができよう。後者としては，資本資産ストックの型や数量，消費者の嗜好の将来の変化，懸案となっている投資対象の耐用期間を通してその時々の有効需要がどれくらいあるかという，その有効需要の強度，それに，耐用期間中に起こるかも知れない貨幣表示の賃金単位の変化などがある。後者は心理的期待の状態を表しており，それらを一括して長期期待の状態と呼ぶのもよかろう。現存する装備を用いて今日生産を開始すると決めた場合，完成時点で生産物からどれほどの利益が上がるかを生産者が推測するさいの基礎となるのが第五章で検討された短期期待であるが，長期期待はこれとは区別されるべきものである。」(参考文献2，第十二章「長期期待の状態」，pp.202-203)

　このように，あくまでも生産者の利益の推測については「短期期待」が基礎であり，「長期期待」との区別を強調しているのである。また，ここでいう「長期期待」は新古典派経済学派のいう一般的な表現「長期的」と区別することに注意しなければならない。生産者の利益の予測の基礎「短期期待」は，需要曲線の形成に深く影響することが明らかであるため，分業の過程のなかでの市場規模の変化や投資規模や需要に与える影響と関係があるということができる。これは，有効需要の決定においても関係があるといえる。

6.　分析結果

以上の議論から，本章において，次のような結論を得た。

第一に，ケインズが『雇用，利子，および貨幣の一般理論』で説明した有効需要の原理は，ワルラス経済学の意味で不均衡経済学であること。すなわち，その不均衡経済学の中心的議論である「有効需要の理論」によって説明される有効需要点における経済均衡の状態についての説明は，アダム・スミスの経済学の中に見出されるものである。ケインズは有効需要の値をあえて総供給関数の値ではなく総需要関数の値で定義している。その根拠として総需要の大きさによって分業の水準が決定されること。そして，総需要関数の方が総供給関数よりも安定的であることが説明されるのである。それ故に，企業家が期待した需要の大きさが実現するという意味であることに説得力があるのである。すなわち，「有効需要」の大きさと「ケインズ的均衡雇用量」の値は安定的な値として決定されるのである。

　アダム・スミスのいう真の意味での分業の理論は，市場において需要不足により分業の程度が決定され，生産規模が制限されると考えられるのである。それ故に，「アダム・スミスの分業」の説明は，「ケインズの有効需要」の大きさを説明するために重要な総需要関数に影響を与えると考えられるのである。

　このようにして，ケインズ的な不均衡経済学として「有効需要の理論」が存在することを導くことができるのである。このようにして，「アダム・スミスの分業の理論」が「ケインズの有効需要の理論」の先駆であることが説明できるのである。

付論 2 不均衡経済学としてのケインズ経済学
—アダム・スミスと不均衡理論 [1] —

1. 序

　今日ケインズ経済学は不均衡経済学領域に属していると考えられる。不均衡経済学とはワルラス的な意味での一般均衡体系として定義できないという意味である。すなわち，不均衡とはワルラス的均衡ではない状態のことを表す経済状態であると考えるのである。本章においては，不均衡経済理論は一般に経済学の創始者といわれるアダム・スミスの「分業の理論」が誕生したそのときから存在し，それはケインズ的均衡へと結びつくと考える。すなわち，アダム・スミスの「分業の理論」がケインズの「有効需要の理論」の先駆であることを説明する。アダム・スミスの「分業の理論」は，実質経済の本質でもある経済構造を構築する市場構造，産業構造と深く関係があり，その関係が需要規模にもたらす影響について分析するのである。また，資源の効率的配分などに直面した企業が行う分業の状態が作り出す市場変化によってもたらされる経済構造の変化について議論する。

　本章では，不均衡経済学は経済学の始まりとともに存在し，不均衡経済学としての今日のケインズ経済学と繋がることを，根岸隆教授（参考文献5）の研究成果を紹介しながら説明する。

　最初に，第1節において，根岸隆教授（参考文献5）は，最初に，「アダム・

---

1) 本論は，Adam Smith の著書である *An Inquiry into the Nature and Causes of the Wealth of Nations*,（邦訳，『諸国民の富の性質と原因の研究』）について根岸隆教授によって長年研究されてきた議論についての考察である。

スミスの分業の理論」は不均衡経済学としての「ケインズの有効需要の理論」との関係について説明する。次に,国際貿易の理論を考察することによって「不均衡理論の存在」を明らかにし,不均衡経済学としてのケインズ経済学がどのように現代の経済理論に貢献するのかを「不均衡経済学としてのケインズ経済学」の必要性とともに説明する。

第2節では,不均衡経済学の始まりは経済学の始まりにおいて存在することを,経済学の創始者といわれるアダム・スミスの『国富論』(『諸国民の富の性質と原因の研究』)において説明する。第3節では,均衡理論と不均衡理論の分類において不均衡理論の位置づけをワルラス的均衡とは異なることを前提にして説明する。また,自然価格と市場価格を用いて考察することにより不均衡経済学と均衡経済学との関係を説明する。すなわち,不均衡理論と均衡理論の違いを説明するとともにワルラスの仮定についての矛盾点や問題点について考察する。この考察の結果として,アダム・スミスの『国富論』において不均衡理論が存在することを証明することができるのである。

第4節においては,国際貿易の理論が不均衡理論として表されることを余剰はけ口理論と生産性理論の2つの理論を分析することにより説明する。また,分業は不均衡理論において表されることを説明する。5節のむすびにかえてにおいて,ケインズの有効需要の理論と分業の関係の考察を用いて不均衡理論の必要性とケインズ経済学と現代の経済理論へのつながりを説明する。

2. 不均衡経済論の創始者としてのアダム・スミス

不均衡経済学の始まりは,経済学の始まりにあると根岸隆教授 (参考文献5) は説明する。根岸隆教授(参考文献5)は,アダム・スミスの『国富論』について,「後世の学者に多くの異なった,相互に矛盾する解釈を許す偉大なる古典の一つである」と次のように説明している。

「スミスの自然価格の理論は現代の経済理論家達によって,均衡価格として解釈され,発展させられてきた。しかしながら,ここではスミスの経済

付論 2　不均衡経済学としてのケインズ経済学　*131*

理論を不均衡理論として解釈してみよう。勿論，収穫逓増を含む成長の動
学的過程の問題に関しては，すでにスミスに対するいくつかの不均衡分析
的な接近が存在する。しかしここでは，市場の問題，すなわち，国際貿易，
分業と競争，などに関する不均衡分析的な解釈を試みる。この不均衡分析
は，スミスの国際貿易論の検討に始まる。スミスは，国際貿易を不均衡の
存在，つまり，国内における生産物の余剰の存在により説明しようとして，
リカードウにより均衡理論の立から批判されたのであった。」

　すなわち，今日の経済学においてスミスの自然価格の理論が市場の均衡価格
の理論として発展させられてきた。根岸教授は経済学の創始者といわれるアダ
ム・スミスの経済理論を不均衡理論として解釈することによって，経済学にお
いて不均衡分析の始まりとすることができるとして，アダム・スミスの国際貿
易論の問題点を説明している。その中で，市場の問題，国際貿易，分業と競争
について不均衡分析的な解釈が行われているのである。

　根岸隆教授（参考文献 5）は次のように説明している。

　「現代の均衡経済理論にたいして新しい不均衡理論を展開しようとする試
みに関して，アダム・スミスの支持を求めているのである。」

　経済学の創始者といわれるアダム・スミスの経済理論を不均衡理論として解
釈することによって，いろいろな議論すべき点はあるものの，不均衡経済学は
経済学の創始者であるといわれるアダム・スミスの経済理論とともにすでに存
在していることを強調しているのである。

3.　均衡理論と不均衡理論の分類

　「不均衡経済学」とは「ワルラス的な意味での一般均衡体系」として経済状態
を定義できないものであるという意味である。すなわち，「不均衡」とは，「ワル
ラス的均衡ではない状態」のことを表す経済状態であると考えるのである。この
節においては，均衡理論と不均衡理論の違いを市場価格と自然価格の影響の有無
を考察して説明する。

3.1 自然価格と市場価格

自然価格と市場価格を用いた分析について，シュンペーター（参考文献20）は，次のように説明している。

「シュンペーターによれば現代経済理論はその均衡理論を自然価格と市場価格とを分析したアダム・スミスの『国富論』の第一巻第7章から継承したとのことである。すなわち，「第7章の基礎的な均衡理論は，アダム・スミスが作り出した経済理論のなかでも断然もっとも優れたものであるが，事実それはセイの理論を，そしてそれを通じてワルラスの理論を暗示している。十九世紀における純粋理論の発展はかなりの程度までこの上に基づく発展である。市場価格は，……「自然」価格の周囲を変動するものとされるが，……後者は，その価格で有効である需要，「有効需要を満たすであろう」量のあらゆる財を市場に「もたらすのに支払わなければならない地代，賃金，そして利潤の全額」を償うのに十分で，かつそれ以上ではない価格である」（参考文献20，p.189）。

「どの商品の価格でも，それを産出し，加工し，市場に運ぶのに使用された土地の地代，労働の賃金，資本の利潤をそれぞれの自然率によって支払うのに充分な額よりも多くも少なくもなければ，その場合にはその商品はその自然価格とよんでよいもので売られている」（WNI，vii，4）。（参考文献5）

すなわち，市場価格とは「自然」価格の周囲を変動するものであると定義される。自然価格については，実際の市場価格がそれに引きつけられる均衡価格であると定義されることから，根岸隆教授（参考文献5）は，次のように説明している。

「自然価格は，実際の市場価格がそれに引きつけられる均衡価格である。ある商品の市場に運ばれてくる量が有効需要よりも少ないならば，市場価格は多少なりとも自然価格以上に上昇し，価格の構成要素（地代，賃金そして利潤）の少なくとも一つがその自然率よりも上昇，その商品を産出，加工，そして市場に運ぶのにより多くの土地，労働，資本が使用されて，

付論2　不均衡経済学としてのケインズ経済学　*133*

その結果，有効需要を供給するのに充分な量が市場にもたらされる。そうすると，市場価格は自然価格にまで下落し，その構成要素はそれぞれの自然率に下落する。」(参考文献5)

すなわち，ある市場において，超過需要である場合である。ここで，ワルラス的調整過程において説明する。

ある財の市場において，その財の需要量 D はその財の価格 P だけの関数とすると，需要関数は次の（A2.1）式のように表されると想定する。ここでは，需要関数は価格の減少関数であると仮定する。

$$D = D\ (P),\quad D'\ (P) < 0 \tag{A2.1}$$

同様に，その財の供給量 S をその財の価格 P だけの関数とすると，供給関数は次の（A2.2）式のように表される。ここでは，供給関数は価格の増加関数であると仮定する。

$$S = S\ (P),\quad S'\ (P) > 0 \tag{A2.2}$$

その財の超過需要関数 ED は，それぞれの価格水準に対応する需要量と供給量の差として，次の（A2.3）式のように定義される。

$$ED\ (P) = D\ (P) - S\ (P),\ ED'\ (P) < 0 \tag{A2.3}$$

ここで，ワルラス的調整は，次のように市場価格の減少関数として定義される。

「市場が不均衡状態にある場合には取引は成立せず，超過需要状態や超過供給状態は市場価格 P の変化（$\varDelta P$）によって調整されると考えるのが「ワルラス的調整」である。」

価格調整は次の（A2.4）式で表される。

$$\varDelta P = \alpha\ [D\ (P) - S\ (P)],\ \alpha > 0 \tag{A2.4}$$

ここで，α は市場の調整係数である。

市場価格 P の変化によって，次第に超過需要・超過供給が減少していくと考えられる場合，市場調整過程はワルラス的に安定的であると説明される。すなわち，ワルラス的安定条件は，次の（A2.5）式で表される。

$$\frac{d\varDelta P}{dP} < 0 \tag{A2.5}$$

この「ワルラス的安定条件」は，超過需要関数 ED が，次の性質をもっている場合を示している。次の（A2.6）式のように表される。

$$\frac{dED}{dP} = \frac{dD(P)}{dP} - \frac{dS(P)}{dP} < 0 \tag{A2.6}$$

ここで，超過需要曲線が図 A2.1 のように右下がりに導出される場合には市場は安定的で D ある[2]。

図 A2.1　市場の調整過程

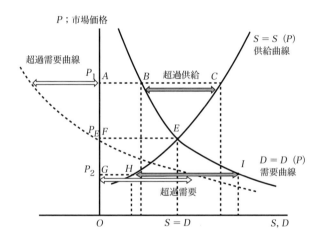

以上の説明から図 A2.1 の P_E は市場均衡価格として説明されている。

ここで，自然価格を P_N とする。アダム・スミスの経済学においては市場均衡価格 P_E がやがて長期市場均衡において自然価格 P_N に収斂すると考えられるのである。

すなわち，市場均衡価格 P_E が自然価格は P_N と等しい場合には，需要量と供給量は等しく，需要量と供給量はともに FE の幅で表されているのである。

上述した市場においては，超過需要の状態であるからワルラス的調整過程に

---

[2] 超過需要曲線が右上がりに描かれる場合には市場は不安定であることが証明される。

おいて，次の図 A2.2 のように表される。ここでは，需要曲線が右下がりで供給曲線が右上がりである市場均衡の安定条件を満たす場合であるとする。

自然価格は，長期需要曲線と長期供給曲線で交わる点で表される。ここで短期需要曲線と短期供給曲線はともに無数に存在するが長期の概念はその平均で表される長期自然均衡としての需要曲線と供給曲線として表している。つまり，ここで市場均衡価格 P_E は長期自然均衡において自然価格 P_N に収斂することがいえるのである。

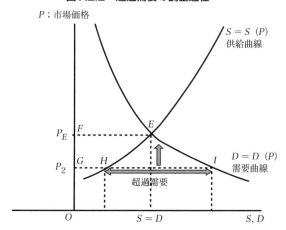

図 A2.2　超過需要の調整過程

ここで，超過需要が存在する場合は，自然価格が P_E，市場価格が P_2 である場合であるとすると，需要量は GI の幅で表され，供給量は GH の幅で表される。この場合は需要量が供給量を超過しているので HI の幅は超過需要量を表している。このとき，市場の超過需要の状態を反映して市場価格は上昇することになる。市場価格 P_2 が自然価格が P_E まで上昇する場合，需要量は GI の幅から EF の幅へと減少し，供給量は GH の幅から EF の幅へと増加する。

また，超過供給の場合についても，次のように説明している。

「同様に，市場に運ばれてくる量が有効需要よりも大ならば，市場価格は自然価格以下に下落し，少なくとも一構成要素が自然率以下に下落する。

その結果，使用される労働，土地，資本などの量が減少，商品の量が有効需要に等しくなり，自然価格とその構成要素の自然率とが回復する。」（参考文献5）

すなわち，ある市場において，超過供給である場合である。ここでは，需要曲線が右下がりで供給曲線が右上がりである安定条件を満たす場合であるとする。ワルラス的調整過程において図で表すと，次の図 A2.3 のように表される。

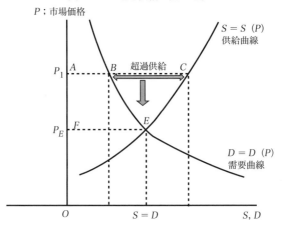

図 A2.3　超過供給の調整過程

ここで，超過供給である場合については自然価格が P_E，市場価格が P_1 である場合であるとすると，需要量は AB の幅で表され，供給量は AC の幅で表される。この場合は供給量が需要量を超過しているので BC の幅は超過供給量を表している。このとき，市場の超過供給の状態を反映して市場価格は下落することになる。市場価格 P_1 が自然価格が P_E まで下落する場合，需要量は AB の幅から EF の幅へと増加し，供給量は AC の幅から EF の幅へと減少する。

ここで，自然価格は，次のように定義され，決定される。

「換言すれば，商品の自然価格は市場における需要と供給の均等によって定義される。そして，それはもし需要が供給よりも大であれば下落するという，不均衡市場価格の調整によって到達されるのである」(WN I, vii.3-16)」（参考文献5）

ワルラス的調整過程において図で表すと，次の図 A2.4 のように表される。ここでは，需要曲線が右下がりで供給曲線が右上がりである安定条件を満たす場合であるとする。

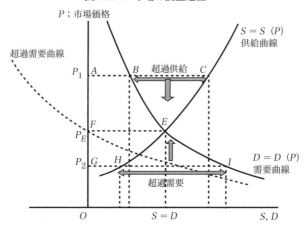

図 A2.4　市場の調整過程

3.2　均衡理論と不均衡理論

根岸隆教授（参考文献 5）は，

「所与の地代，賃金，利潤の自然率によって決まるのであるから，商品の自然価格はそれを通じて成立する市場価格の変動によって変化することはない。この意味で，スミスの自然価格の理論を均衡理論とよぶことができる。不均衡は最終的に成立する均衡になんらの影響を残すことなく消え去るのである。」

と自然価格は市場価格の変動の影響は受けないものとするならば，アダム・スミスの自然価格の理論は均衡理論であるといえると説明している。これは，新しい不均衡理論を展開する立場にある根岸隆教授は「自然価格は市場価格の変動の影響は受けないはずがない」という逆説的な見解をしているのであると考えられる。

また，シュンペーター（参考文献 20, p.189）によって，均衡理論の中でも，

ワルラスの均衡理論は洗練されたものであると指摘されていることを例にして，ワルラスの均衡理論において，均衡に到達するまでの考察とその問題点を，次のように説明している。

「ワルラスは彼の均衡理論において，二つの異なった解法を考慮した。すなわち，数学的解法と実際的解法である。前者の解法は未知数（均衡価格）の数と方程式（需要供給条件）の数とが一致することを確認することである。不均衡下における市場の動きが考慮することなく，均衡の成立が考察される。後者の解法は模索過程であり，それは，市場における競争の機構により，均衡問題が実際に解決されている様子を説明する。実際的解法と数学的解法が一致するように，ワルラスは，需給供給の法則により価格が変化している不均衡状態においては実際の交換取引は一切おこなわれないと仮定した（参考文献 10, pp.253-4, 263-4）。この仮定により，到達される均衡は不均衡化における調整の経路から独立であることが保証される。

しかしながら，もし不均衡が速やかに解消せず，いずれ成立する均衡へのその影響が重要である場合には，均衡理論を放棄して不均衡理論を考慮しなければならない。後者の理論においては，いずれは到達される均衡であっても，不均衡状態においてそれが経由した道筋から独立ではない。たとえスミスの自然価格の理論が均衡理論として考察されることが可能であっても，『国富論』にはまた不均衡理論の実例を見出すことも可能なのである。」（参考文献 5）

すなわち，ワルラスは不均衡状態においては実際の交換取引は一切行われないと仮定した。しかしながら，根岸隆教授は不均衡が与える影響が重要である場合には不均衡理論を考慮すべきであり，実際的解法においては，均衡は不均衡状態を経由していることから均衡は不均衡における調整の経路から独立ではないことがいえるのである。つまり，「均衡は不均衡化における調整の経路から独立である」ということを保証したワルラスの「不均衡状態においては実際の交換取引は一切おこなわれない」という仮定は成り立たないことが証明されたことになる。アダム・スミスの自然価格の理論が均衡理論においても，ワル

ラスの「均衡は不均衡化における調整の経路から独立である」という不均衡から独立しては成り立たない仮定が前提にあるならば，アダム・スミス『国富論』において不均衡理論が存在することを証明することが可能なのである。

4. 結 論

　ケインズ経済学を不均衡経済学として考察するとき，その始祖はアダム・スミスの『国富論』（『諸国民の富の性質と原因の研究』）に求められることを根岸隆教授は論証したのである。ここで，不均衡経済学とはワルラス的な意味での一般均衡体系として定義できないという意味であるならば，ワルラス的均衡ではない状態こそが実際にわれわれが経験する経済状態であると認識するとき，不均衡経済理論は一般的な意味において経済学の創始者といわれるアダム・スミスの「分業の理論」が誕生したときから存在していたと考えられるのである。それは「ケインズ的均衡」，すなわち，「有効需要の理論」へと結びつくと考えることによって，われわれは経済分析についてのより現実的な分析手段を獲得することができるのである。

　付論1と付論2において，アダム・スミスの「分業の理論」がケインズの「有効需要の理論」の先駆であることを確認した。ここで，アダム・スミスの「分業の理論」は，実質経済の本質としての経済構造を構築する市場構造，産業構造と深く関係があり，その関係が需要規模にもたらす影響について分析を可能とするのである。また，資源の効率的配分などに直面した企業が行う分業の状態が作り出す市場変化によってもたらされる経済構造の変化について議論することが可能となるのである。

最終章　本書の結論と将来への展望

1.　ケインズ経済学的な開発途上国モデルの構築

　本書においては，既存の開発途上国モデルに「ケインズの有効需要の理論」を導入することによって，開発途上国における産業構造と雇用状態の決定について考察した。

　ここで，既存の開発途上国モデルとして，アーサー・ルイス（Arthur W. Lewis）[1]のモデルを背景としたフェイ＝ラニス（Fei and Ranis）の二部門モデル（Dual Sector Model, Two Sector Model）[2]を基本的なモデルとして，開発途上国の実態に合わせた三部門モデルとして拡張したモデルを構築して考察を行った。具体的には，フェイ＝ラニス・モデルの農業部門（伝統的な部門）を制度的賃金率が適応される農業・伝統的部門[3]とし，工業部門（近代的な部門）をケインズの定義[4]する「古典派の第一公準」を満たすという意味で，企業の利潤極大条件が満たされる近代的な部門として考察する。この部門は，「外国資本が

---

1)　W. A. Lewis,"Economic Development with Unlimited Supplies of Labor", *The Manchester School of Economic and Social Studies*, Vol.22, No.2 May 1954.

2)　Fei,J.C.H. and G.Ranis, *Development of the Labor Surplus Economy-Theory and Policy*, Richard D.Irwin,1964.

3)　ここで，伝統的部門とは都市部周辺にバッファー・セクタへとして存在する偽装失業状態の低生産性の産業であると想定している。

4)　古典派の第一公準」と「古典派の第二公準」は，J.M.Keynes, *General Theory of employment, Interest and Money*, The Macmillan Press LTD,1973 において，労働市場において完全雇用均衡が自動的に達成されることを説明する古典派経済学の分析として定義されている。

経営する製造業部門」と「国内資本が経営する製造業部門」の二つの部門として分割して考察している。

　また，労働市場においては，ケインズが説明するように「古典派の第二公準」[5]が満たされないという意味で，雇用量は有効需要制約によって決定され，賃金率は「古典派の第一公準」[6]によって決定されるとした。この労働市場における擬装失業の存在は，失業者は都市部近郊の伝統的産業において制度的賃金率で雇用されている状態か，あるいは，農業部門において偽装失業の状態でとどまっていると想定していることになるのである。しかし，都市部において失業状態である場合には，彼らの生活は家族の所得かあるいは実家からの仕送りによって支えられていると想定していることになるのである。

2.　市場規模と分業の水準によって決定される有効需要

　「ケインズの有効需要の理論」と「アダム・スミスの分業」との関係を根岸隆教授の分析[7]を導入することによって，分業の進展がもたらす産業構造や市場構造の変化とそれゆえに需要の大きさの変化が個々の経済の有効需要水準に与える影響を説明することができる。ここで，分業については，次の2種類の分業が説明される。「第一の分業」とは，1つの製品を生産する場合の異なった作業過程の分割に関するものであり，「第二の分業」とは，同じ産業内にお

---

5)　ここで，「古典派の第二公準」とは，家計の効用極大化行動としての労働供給関数である。

6)　「古典派の第一公準」は企業の利潤極大条件によって導出される労働需要関数である。このとき，生産物市場において，有効需要が決定されることによって雇用量が決定され，賃金率が決定されるのである。IS・LM 分析においては，生産物市場と貨幣市場・債券市場の三市場の同時均衡条件から雇用量は物価水準と貨幣賃金率が所与のもとで決定されると説明している。また，AD・AS 分析（総需要・総供給分析）においては，賃金率の硬直性によって「古典派の第一公準」によって実質賃金率が決定されることから供給価格曲線として物価が決定されると説明されている。

7)　根岸隆教授のこのような分析は，根岸隆『経済学の理論と発展』（ミネルヴァ書房，2009 年）や根岸隆『ケインズ経済学のミクロ理論』（日本経済出版社，1980 年）において展開されている。

最終章　本書の結論と将来への展望　*143*

ける企業間の分業ないし企業の専門化に関するものである。

　この二つの分業と市場規模との関係によって，開発途上国経済においては海外から多国籍企業化した多くの企業が進出しているのが現状である。経済の国際化にともなって拡大する市場規模を背景として，世界経済における分業システムが拡大し，開発途上国の経済もこの世界的規模の分業システムに取り込まれているのである。

　このようにして開発途上国に「外国資本が経営する企業」が進出しているのである。このような企業の経済活動の結果として，開発途上国の潜在的能力に応じて国内の資本蓄積と技術進歩が進み，労働者の生産性が上昇しているのである。このような影響から「国内資本によって経営される企業」においても市場規模の拡大とともに分業が進展して，国内市場規模が拡大することによって生産性が上昇して，生産量・雇用量が増加することが説明されるのである。

　このような世界的分業の進展が開発途上国において近代的産業としての工業化が進み，国内労働者の雇用と所得の増加を通して経済の発展が実現してきたと説明することができるのである。しかし，開発途上国においては，歴史的な要因としての社会的要因や制度的要因によって，地域間の資本移動や生産要素移動の制限や不自由さを原因として，地域間格差や個人間格差が発生していることを近代的部門の雇用条件と農業・伝統的部門の制度的賃金率との関係で説明することができるのである。このような種々の格差を受け入れた状態で労働市場が過剰労働力を残したままで経済が発展することになるのである。

3.　不均衡経済学としてのケインズ経済学的開発途上国モデル

　このような市場規模の拡大と分業の進展が世界市場において発生して，それがやがて多国籍化した企業の開発途上国への進出となって，国内経済の有効需要を拡大させ，その影響が国内市場の規模を拡大させ国内企業の技術進歩を助長することによって，国内企業の生産量・雇用量が増加するという分析が，根岸隆教授の説明する「ケインズ的不均衡」であるということができるのである。

すなわち，開発途上国において，工業部門における過少雇用の原因は，1つは，国際的分業の中でのこの経済の位置づけによって決定されるのであること。そして，2つには，労働と資本の部門間・地域間の移動の不自由さにも過少雇用の原因があると考えることができるのである。そして，民間資本の大都市周辺への偏在や社会資本の大都市周辺への偏在と技術水準の高い労働者の大都市周辺への偏在が開発途上国の所得格差の原因であるということができるのである。ここで，労働市場の失業状態，あるいは，偽装失業状態の存在は，ケインズ的な意味での不均衡であり，それは，労働者の技術水準や教育水準の格差によって生ずる地域間・産業間の移動の不自由さにその原因を求めることができるのである。

4. 残された課題

このような開発途上国の経済についての経済理論的分析を，ミクロ経済学とマクロ経済学の手法において新古典派経済学の手法を前提としながらも，ケインズ的な不均衡経済学の立場から再構築する可能性を探り，その方法論を構築することが本論文の最終目標である。

そのためには，今後も，実際に開発途上国を研究テーマとして実態調査と現状把握から，経済分析方法としてのケインズ経済学的な不均衡分析を構築してゆくことが必要であると考えている。

今後研究しようとするべき開発途上国の具体的な国としては，タイ経済の経験だけではなく，ベトナムやラオス，カンボジアなどの経済の経験を分析する予定である。このようにして構築された新しいケインズ経済学的な開発途上経済モデルと実際経済とを対比することにより，開発途上国における諸問題の所在を明確化して，新しい経済政策を提示することが可能であると考えている。

あとがき

　本書を書き終えて，今後の経済学研究の方向性について考えていたとき，大矢野栄次著『江戸の CFO』を読む機会があった。この本を読みながら次のような事を考えた。

　"Economics" とは経済を研究する学問であり，「経国済民」「経世済民」の意味で明治の初期に日本において経済学と名付けられた。

　しかしながら，それ以前から経済学は存在した。山田方谷のように江戸時代に「経世済民」をなしている学者も存在している。経済学の本質について，その起源は哲学が存在する起源へさかのぼる。この説は，シュムペーター（Joseph A. Schumpeter）の『経済分析の歴史』で証明済みである。

　経済学にはそれぞれの現象やものごとを説明するときに，データ，条件を用いたモデル，理論等がつかわれる。ところが，全ての現象を正確に叙述することは不可能であるとも考えられる。市場均衡において経済の全てが動くという条件があるならば，時間の経過も短期的には止めて考える必要がある。長期的にはタイム・ラグが起こるような現象に対しては正確なずれの認識が重要であり，計算条件が一寸の狂い無く説明される必要がある。

　しかし，それも宇宙の解明が無限の希望であるように，後追いはできても経済現象の明確なリアルタイムな把握は永遠の課題であると考えられる。

　人（生命）や財・サービスが存在するところにはすべての経済が存在する。なぜ明治の初期に経済学と名付け，社会的に目視できる形での学問の確立をしたのか。このことが，明治以後の日本の経済発展の仕方にあったと考える。

　以上の考察の中で，経済学を学び，さらにそのなかでも経済理論的に考える力がとても重要であると考えている。AI での産業構造の変化や技術進歩が進むなか，これから日本経済をより身近なものとして感じていくためには大切な

ことである。

　私たちが経済における感覚を経済学によって身につけ，理論化するためには，現地調査などをより重複して，無限の不均衡の現象の中から目に見える形でより市場均衡に近い経済を感じ取ることが大切である。これが，研究のみならず，経済学教育の地盤として，考える力を身に付ける為のヒントになることを願っている。それは，五感を発達させることによって，より正確に現実を描写するための，経済の本質についての可視化に近づくと信じている。

　平成 30 年 3 月 1 日

　　　　　　　　　　　　　　　　　　　　　　　松下　愛

参考文献

第 1 章の参考文献

1. 鳥居康彦『経済発展理論の系譜と新潮流』大蔵省財政金融研究所「フィナンシャル・レビュー」, 1993, March.
2. ジェフェリー・サックス著, 鈴木主税, 野中邦子訳『貧困の終焉－2025 年までに世界を変える』早川書房, 2006 年。
3. Sachs, Jeffrey D., *The End of Poverty: How We Can Make It Happen in Our Lifetime*, Penguin, 2005.
4. Acemoglu,Daron, Johnson, Simon and Robinson, James A., "Colonial Origins of Comparative Development : An Empirical investigation", *American Economic Review*,91, December 2001 : pp.1369-1401.
5. Fei, J.C.H. and Ranis, G., *Development of the Labor Surplus Economy : Theory and Policy*, Richard D. Irwin,1964.
6. Lewis, W.A, "Ecoinomic Development with Unlimited Supplies of Labor", *The Manchester School of Economic and Social Studies*, Vol.22, No.2, May 1954.
7. Rosenstein, Rodan "Notes on the Theory of the Big Push", in Ellis, *Economic Development for Latin America*, 1961.

第 2 章の参考文献

1. 大矢野栄次『貿易資本と自由貿易』同文舘出版, 2008 年。
2. 吉村二郎『過剰労働経済の発展』中央大学学術図書館, 1987 年。
3. パウロ・フレイレ, 砂ちづる訳『新訳 被抑圧者の教育学』2011 年, Freire, Paulo Pedagogia do oprimido, Paz e Terra, 1970.
4. ラグナー・ヌルクセ著, 土屋六郎訳『後進諸国の資本経済』(現代経済学選書) 厳松堂書店, 1955 年 (改訳版 1977 年)。
5. Nurkse, Ragnar, *Problems of Capital-Formation in Underdeveloped Countries* 1953.
6. Fei, J.C.H. and Ranis,G., *Development of the Labor Surplus Economy:Theory and Policy*, Richard D. Irwin,1964.
7. Jorgenson, D.W., "The Development of a Dual Economy", *Economic Journal*, vol.71, No.282, June 1961.
8. Todaro,M.P. , "A Model of Labor Migration and Urban Unemployment in Less Developed Countries", *American Economic Rreview*, Vol.59, No.1, March 1969.
9. Lewis, W.A., "Ecoinomic Development with Unlimited Supplies of Labor", *The Manchester School of Economic and Social Studies*, Vol.22,No.2, May 1954.

第3章の参考文献

1. 吉村二郎『過剰労働経済の発展』中央大学学術図書，1987年7月。
2. Fei, J.C.H. and G.Ranis, *Development of the Labor Surplus Economy-Theory and Policy-*, Richard D. Irwin,1964.
3. Jorgenson, D.W., "The Development of a Dual Economy", *Economic Journal*, Vol.71, No.282, June 1961.
4. Todaro, M. P., "A Model of Labor Migration and Urban Unemployment in Less Developed Countries", *American Economic Review*, Vol.59,No.1 March 1969.
5. Lewis, W. A., "Economic Development with Unlimited Supplies of Labor", *The Manchester School of Economic and Social Studies*, Vol. 22, No.2 May 1954.

第4章の参考文献

1. ケインズ，J.M., 塩野谷佑一訳『雇用・利子および貨幣の一般理論』東洋経済新報社，1944年。
2. Keynes, J.M., *General Theory of Employment, interest and Money*, The Macmillan Press LTD,1973.
3. 根岸隆『経済学の歴史』東洋経済新報社，1988年。
4. 根岸隆『ケインズ経済学のミクロ理論』日本経済新聞社，1980年。
5. Negishi, T., "Microeconomic Foundations of Keynesian macroeconomics," North Holland Publishing Company,1979.
6. Negishi, T., "Monopolistic Competition and general Equilibrium", 1961, *Review of Economic Studies* (1960-6)
7. Fei, J.C.H. and Ranis,G., *Development of the Labor Surplus Economy:Theory and Policy*, Richard D. Irwin,1964.
8. Robert Wayne Clower, "A Reconsideration of the Microfoundations of Monetary Theory", *Economic Inquiry*, Vol. 6, Issue 1, pp.1–8, December 1967.
9. Leijonhufvud, Axel and Leijonhufvud, Axel Stig, *On Keynesian Economics and the Economics of Keynes :A study in monetary theory*,1968. Originally published in English by Oxford University Press,Inc.,New York, Copyright. 1996,1968 by Oxford University Press, Inc.

第5章の参考文献

1. ケインズ,J.M., 塩野谷佑一訳『雇用・利子および貨幣の一般理論』東洋経済新報社，1944年。
2. Keynes, J.M., *General Theory of Employment, interest and Money*, The Macmillan Press LTD,1973.
3. 根岸隆『ケインズ経済学のミクロ理論』日本経済新聞社，1980年。

参考文献　*149*

4. Negishi, T., "Microeconomic Foundations of Keynesian macroeconomics" North Holland Publishing Company,1979.

5. Negishi,T., "Monopolistic Competition and general Equilibrium",1961,*Review of Economic Studies* (1960-6)

6. 斎藤優『国際開発論』有斐閣，1995 年。

7. 斎藤優『技術移転論』文真堂，1979 年。

8. 斎藤優『技術移転の国際青磁経済学』東洋経済新報社，1986 年。

9. 大矢野栄次『援助の経済効果』産業経済研究，第 42 巻第 1 号（通巻第 186 号）pp.11-33，久留米大学産業経済研究会,2001 年。

10. 大矢野栄次『ケインズ経済学の可能性』㈶九州大学出版会，2001 年。

11. 米山喜久治『適正技術の開発と移転』文真堂,1987 年。

12. 菰田文男『国際技術移転の理論』有斐閣,1987 年。

13. E.M. ロジャーズ，宇野善康監訳『普及学入門』産業能率大学出版部，1971 年。

14. Everett M. Rogers, *Diffusion of Inovations, 3rd edition*, The Free Press,1983.

15. Surendra J. Patel, *Technological Transformation in the Third World*, The United Nations University,1993.

第 6 章の参考文献

1. 『国土交通省ホームページ』http://www.mlit.go.jp/sogoseisaku/inter/kokusai

2. 『在タイ日本大使館 HP, 現代中国ライブラリー』

3. 吉村二郎『過剰労働経済の発展』中央大学学術図書館，1987 年。

4. 大矢野栄次『自由貿易と貿易理論』佐賀大学経済学論集，第 26 巻第 1 号，pp.1-20,1993 年。

5. 大矢野栄次『貿易利益と資本移動』久留米大学比較文化年報，第 12 輯第 1 号，pp.25-48，2003 年。

6. 大矢野栄次『援助の経済効果』産業経済研究，第 42 巻第 1 号（通巻第 186 号）pp.25-48，久留米大学産業経済研究会，2001 年。

7. 大矢野栄次「アメリカと日本」『世界の変化と日本の経済社会』久留米大学公開講座 24 巻，五絃舎，pp.18-45, 2003 年。

8. 大矢野栄次『ミクロ経済学』五絃舎，2005 年。

9. 大矢野栄次『経済学概論』痕跡書房，2004 年。

10. Eiji Ohyano,"A Three Sector Model in the Labor Surplus Economy ",Saga University Keizai Ronshu(The Economic Review)Vol.16 No.2(No.38),Sep.,1982.

11. Fei,J.C.H. and Ranis,G., *Development of the Labor Surplus Economy:Theory and Policy*, Richard D. Irwin,1964.

12. Jorgenson, D.W.,"The Development of a Dual Economy", *Economic Journal*, vol.71, No. 282, June 1961.

13. Hecksher,E., "The Effect of the Foreign Trade on the Distribution of income", The Ekonomisk Tidskrift, VolXXI, 1919, pp.497-512.

第 7 章の参考文献

1. 『国土交通省ホームページ』http://www.mlit.go.jp/sogoseisaku/inter/kokusai
2. 『在タイ日本大使館 HP, 現代中国ライブラリー』
3. 大和総研アジア事業開発本部『タイ 2012』ダイワの事業投資シリーズ
4. 吉村二郎『過剰労働経済の発展』中央大学学術図書館，1987 年。
5. 大矢野栄次『自由貿易と貿易理論』佐賀大学経済学論集，第 26 巻第 1 号，pp.1-20, 1993 年。
6. 大矢野栄次『援助の経済効果』産業経済研究，第 42 巻第 1 号（通巻第 186 号）pp.25-48, 久留米大学産業経済研究会，2001 年。
7. 大矢野栄次『貿易利益と資本移動』久留米大学比較文化年報，第 12 輯第 1 号，pp.25-48, 2003 年。
8. Fei, J.C.H. and Ranis,G., *Development of the Labor Surplus Economy:Theory and Policy*, Richard D. Irwin,1964.
9. Hecksher,E.,"The Effect of the Foreign Trade on the Distribution of income", The Ekonomisk Tidskrift, VolXXI, 1919,pp.497-512

付論 1 の参考文献

1. 杉本栄一『近代経済学の解明 (上)』岩波文庫，2006 年。
2. 杉本栄一『近代経済学の解明 (下)』岩波文庫，2006 年。
3. 根岸隆『経済学の理論と発展』ミネルヴァ書房，2009 年。
4. 根岸隆『経済学の歴史』東洋経済新報社，1988 年。
5. 根岸隆『一般均衡論から経済学史へ』ミネルヴァ書房，2011 年。
6. 根岸隆『ケインズ経済学のミクロ理論』日本経済新聞社，1980 年。
7. Negishi, T., "Microeconomic Foundations of Keynesian macroeconomics" North Holland Publishing Company,1979.
8. Negishi,T., "Monopolistic Competition and general Equilibrium", 1961, *Review of Economic Studies* (1960-6)
9. 大矢野栄次『ケインズ経済学の可能性』㈶九州大学出版会，2001 年。
10. ケインズ ,J.M., 塩野谷佑一訳『雇用・利子および貨幣の一般理論』東洋経済新報社，1944 年。
11. Keynes, J.M., *General Theory of Employment, interest and Money,* The Macmillan Press LTD,1973.
12. 佐藤隆三『確率論』東洋経済新報社 ,2010 年。
13. Keynes, J.M., *A Treatise of Probability*, 1973.
14. アダム・スミス『国富論 (1)-(4)』岩波文庫，2000 年， A.Smith, "An inquiry into the Nature and Causes of the Wealth of Nations"
15. 間宮陽介翻訳『雇用, 利子, および貨幣の一般理論 (上)』岩波文庫 (白 145-1)2008 年。
16. 間宮陽介翻訳『雇用, 利子, および貨幣の一般理論 (下)』岩波文庫 (白 145-2)2008 年。

参考文献　*151*

付論 2 の参考文献

1. 杉本栄一『近代経済学の解明 (上)』岩波文庫，2006 年。
2. 杉本栄一『近代経済学の解明 (下)』岩波文庫，2006 年。
3. 大矢野栄次『ケインズ経済学の可能性』(財)九州大学出版会，2001 年。
4. 大矢野栄次『ミクロ経済学』五絃舎，2005 年。
5. 根岸隆『経済学の理論と発展』ミネルヴァ書房，2009 年。
6. 根岸隆『経済学の歴史』東洋経済新報社，1988 年。
7. 根岸隆『一般均衡から経済学史』ミネルヴァ書房，2011 年。
8. 根岸隆『ケインズ経済学のミクロ理論』日本経済新聞社，1980 年。
9. Negishi, T., "Microeconomic Foundations of Keynesian macroeconomics" North Holland Publishing Company,1979.
10. Negishi,T., "History of Economic Theory", North Holland Publishing Company,1989.
11. ケインズ, J.M., 塩野谷佑一訳『雇用・利子および貨幣の一般理論』東洋経済新報社，1944 年。
12. Keynes, J.M., *General Theory of Employment, interest and Money*, The Macmillan Press LTD,1973.
13. 佐藤隆三『確率論』東洋経済新報社，2010 年。
14. Keynes, J.M., *A Treatise of Probability*, 1973.
15. アダム・スミス『国富論 (1)-(4)』岩波文庫，2000 年。
16. A. Smith "An inquiry into the Nature and Causes of the Wealth of Nations"
17. 間宮陽介翻訳『雇用, 利子, および貨幣の一般理論 (上)』岩波文庫 (白 145-1)2008 年。
18. 間宮陽介翻訳『雇用, 利子, および貨幣の一般理論 (下)』岩波文庫 (白 145-2)2008 年。
19. シュムペーター著, 東畑誠一訳『経済分析の歴史』岩波書店 1955-62 年。
20. J.A.Schumpeter, *History of Economic Analysis*, Oxford,1954.

最終章の参考文献

1. 根岸隆『経済学の理論と発展』ミネルヴァ書房，2009 年。
2. Lewis, W.A, "Economic Development with Unlimited Supplies of Labor", *The Manchester School of Economic and Social Studies*, Vol.22, No.2, May 1954.
3. Fei,J.C.H. and Ranis,G., *Development of the Labor Surplus Economy:Theory and Policy*, Richard D. Irwin,1964.
4. ケインズ, J.M., 塩野谷佑一訳『雇用・利子および貨幣の一般理論』東洋経済新報社，1944 年。
5. Keynes, J.M., *General Theory of Employment, interest and Money*, The Macmillan Press LTD,1973.

索　引

〔あ行〕

アーサー・ルイス　4,13,19,141
アクセル・レイヨンフーヴッド　51
アジア・ハイウェイ構想　7,97, 106, 107
アジア通貨危機　98
アダム・スミス　121,123
アダム・スミスの分業　142
アダム・スミスの分業の理論　109
1次産品部門　36
インフラストラクチュア　16
インラック内閣　85
OJT　80

〔か行〕

外国資本　58
外国資本企業　86
外国人労働者　99
外国人労働者の雇用　103
外国人労働者の導入　100
開発経済学　14
開発途上国　16,26
開発途上国経済　13,144
外部経済効果　36
確率論　126
価値限界生産性（曲線）　87,88
間接的技術移転　78
企業者行動の理論　59
技術移転　78
技術進歩　72
均衡理論　131,138
クラウアー　50
経済開発　13
経済開発戦略　36
経済発展計画　18
経済発展理論　4, 13
ケインズ　50
ケインズ経済学　3,109
ケインズ的不均衡　143
ケインズの有効需要の理論　109,142
限界生産性　72
工業部門　36

工場誘致　15
構造的変化　113
国際収支問題　16
国富論　114,139
国連アジア太平洋経済社会委員会　98
古典派の第一公準　141
古典派の第二公準　142
雇用量　59

〔さ行〕

最低賃金　85
最低賃金の上昇対策　103
最低賃金引上げ政策　85,95
斉藤優　78
サックス　23
三部門モデル　141
自給自足経済　18
資源の効率的配分　129
資源配置の変化　113
市場価格　132
市場均衡条件　67
実質賃金率　49,64,66
実質賃金率格差　64,66
資本市場　64
資本蓄積　5
社会資本　4
社会資本形成　18
社会資本建設　18
就業構造の変化　113
熟練労働者　15
シュンペーター　132
新古典派経済学体系　50
新古典派経済学派　127
生産関数　64
生産基盤関連社会資本　16
制度的賃金率　77
世界市場　15
世界貿易構造　15
総供給関数　112,128
総需要関数　112,128
ソフトウェア　80

（た行）

タイ経済　98
代替産業　77
多国籍企業　15
短期期待　127
チャイナ・プラス・ワン　98
超過供給　133
超過需要　133
長期期待　127
長期動学モデル　40
直接的技術移転　78
賃金格差　90
賃金上昇　99
賃金率　59
賃金率格差の是正　103
低開発経済　18
低賃金労働者　15
低賃金労働者不足　103
伝統的産業　58
トダロー・モデル　21
トリックルダウン仮説　22

（な行）

2重経済モデル　19
2部門間モデル　19
2部門経済発展モデル　19
2部門経済発展理論　4,13
ヌルクセ　31
根岸隆　52,53,109,112,130
農業部門　141

（は行）

ハードウェア　80
発展途上国経済　37
日帰りの外国人労働者　100
比較優位構造　15
非自発的失業　52,54,59
ビッグ・プッシュ　32
ビッグ・プッシュモデル　23
費用逓減　121
貧困（層）　15,25
貧困地域　15
貧困の悪循環　4,27,28
封鎖体系モデル　40
フェイ＝ラニス　4,20
フェイ＝ラニス・モデル　5, 6, 18, 39, 40,49

フェイ＝ラニス型の経済発展モデル　20
フェイ＝ラニスの二重経済モデル　14
フェイ＝ラニスの二部門モデル　141
付加価値限界生産性　58
不均衡経済学　3,128,131,139
不均衡経済学領域　109
不均衡経済理論　112,129
不均衡分析の経済学　49
不均衡理論　131,138
分業の理論　8,129
ボトル・ネック　37

（や行）

有効需要制約　7,49,58,59,63,70,77
有効需要の不足　57
有効需要の理論　110,128,129
輸出産業　15
輸入代替　14
輸入代替工業化政策　37
幼稚産業保護論　37

（ら行）

ラグナー・ヌルクセ　27
利潤極大条件　67
両労働需要曲線　88
ルイス・モデル　18
労働供給曲線　58
労働供給量　58,86
労働雇用量　67
労働市場　57,64
労働者不足の解消　100
労働需要曲線　68,88
労働の同質性　57
労働余剰型　6
労働余剰経済　63
労働力不足　99
ローゼンシュタイン＝ロダン　32
ロバート・クラウアー　50

（わ行）

ワルラス的安定条件　133
ワルラス的均衡状態　109
ワルラスの一般均衡理論　121
ワルラス法則　50

著者紹介
松下 愛（まつした あい）
　1985 年 7 月 16 日　宮崎県 生まれ。
　2009 年 3 月 31 日　久留米大学法学部法律学科卒業　法学士
　2011 年 3 月 31 日　久留米大学大学院比較文化研究科前期博士課程卒業　経済学修士号
　2014 年 3 月 31 日　久留米大学大学院比較文化研究科後期博士課程（満期退学）
　2014 年 10 月 1 日　経済学博士（久留米大学）
　2014 年 10 月 1 日　久留米大学学長直属特命講師（地域連携センター）
　現在に至る

ケインズ経済学と経済開発理論

2018 年 4 月 25 日　初版発行

著　者　松下　愛
発行者　長谷雅春
発行所　株式会社五絃舎
　　　　〒 173-0025　東京都板橋区熊野町 46-7-402
　　　　電話・FAX: 03-3957-5587
検印省略　©2018　A. Matushita
組版：Office Five Strings
印刷：モリモト印刷
Printed in Japan
ISBN978-4-86434-082-3
落丁本・乱丁本はお取替えいたします。
本書より本文および図表の無断転載を禁ず。